U0931038

湖南师范大学政治学国内一流培育学科资助

经济与管理

—

地方治理与公共政策案例

王　敏　主编

中国社会出版社
国家一级出版社 · 全国百佳图书出版单位

图书在版编目（CIP）数据

地方治理与公共政策案例 / 王敏主编. -- 北京：中国社会出版社，2021.10

ISBN 978-7-5087-6522-8

Ⅰ.①地… Ⅱ.①王… Ⅲ.①地方政府—公共政策—行政管理—案例—中国 Ⅳ.①D625

中国版本图书馆 CIP 数据核字（2021）第 058086 号

书　　名：地方治理与公共政策案例

主　　编：王　敏

出 版 人：浦善新

终 审 人：尤永弘

责任编辑：陈贵红

出版发行：中国社会出版社　　　　**邮政编码：**100032

通联方式：北京市西城区二龙路甲 33 号

电　　话：编辑部：（010）58124828

邮购部：（010）58124848

销售部：（010）58124845

传　真：（010）58124856

网　　址：shcbs. mca. gov. cn

经　　销：各地新华书店

中国社会出版社天猫旗舰店

印刷装订：三河市华东印刷有限公司

开　　本：170mm×240mm　1/16

印　　张：14. 5

字　　数：188 千字

版　　次：2021 年 12 月第 1 版

印　　次：2021 年 12 月第 1 次印刷

定　　价：85. 00 元

中国社会出版社微信公众号

序　言

案例分析是公共管理教学中最常用的方法。在教学过程中，教师通常选择现实世界中的某一典型公共管理或公共政策问题为案例，为学生提供背景情况，讨论面临的矛盾、问题、困境和选择。案例分析旨在引导学生综合运用所学理论和分析方法，通过多维度的思维训练，提高其逻辑分析和解决现实问题的能力，同时培养学生的行政职业能力。在案例教学中，学生在课前阅读案例资料，在课堂上通过小组讨论等方式提出解决问题的思路和办法，结合各自的工作经历和实践经验从不同角度分析案例中的事件和过程，以不同的知识背景和处理问题的方式对同一问题发表见解，进行交流与探讨，互相启迪。案例分析通过将学生引入实践情境，实现多向互动、深入讨论，不仅提高其面对复杂实践情境时进行决策、解决问题的能力，还与公共管理的实践性、权变性和复杂性的特点及其对学生素质与职业能力的培养要求非常契合。

目前，我国公共管理硕士（MPA）教育案例教学中案例数量还不够多，案例质量不够高，尤其是本土化程度较低。

《地方治理与公共政策案例》是项目组集体智慧的结晶。公共管理与公共政策案例建设的主体工作——案例编写，不是一项简单的写作活动，而是带有较强的研究性质，它要求编写者运用科学研究方法，仔细分析和取舍案例素材，深入研究其中涉及的公共管理与公共政策问题和知识点。案例库开发包括综合性案例、单一课程案例、知识点案例等，为 MPA 专业课程教学提供支持。

本书作为校级专业学位研究生教改项目《公共管理与公共政策案例库》（编号：15ALK02）建设的成果，主要围绕地方治理和公共政策领域的内容，聚焦于地方治理和公共政策领域的热点、难点问题展开案例写作与研究，所写案例总结了“最多跑一次”改革、行政审批改革、“互联网+政务服务”“互联网+监督”、地方政府购买社会服务、扶贫、地方产业发展、乡村协同治理、信息惠民、退牧还草等近年来地方创新的政策与做法，具有前沿性、创新性。所编写的案例多具有原创性、本土性特点，是适应讲好中国故事的新要求，从公共管理和公共政策角度研究中国地方治理经验的成果。这些案例对地方治理和公共政策领域的过程、机制、做法以及理论分析作了比较详细的描述与思考，其中部分案例已经在全国与全省的案例大赛中获奖。

王敏

2020 年 4 月

目　录
CONTENTS

浏阳市的“最多跑一次”改革

摘要：“最多跑一次”改革是指群众和企业到政府办理一件事，在申请符合法定申请条件时，从受理申请到形成办理结果的全过程只需上门一次或零上门。浏阳市通过建立政务中心，进一步扩大政务服务内容，在线提供政务服务资源管理，完善政务服务支持与监督；运用流程再造和“互联网+政务服务”的结合推动效率性、服务型政府治理的转型和重塑，取得了很好的效果。

引　论

近年来，各级政府大力推进“互联网+政务服务”建设，坚持以人民为中心的新发展理念，建设让人民满意的服务型政府，积极推动政务服务能力的增强和服务质量的提升。

2014 年 6 月，浙江建立中国第一家“互联网+政务服务”的政府服务网站，为公众提供综合性、一站式服务，被誉为“政务淘宝”，开启了互联网政务服务先河。《2019 年省级政府和重点城市网上政务服务能力调查评估报告》显示，截至 2018 年 12 月 31 日，除港澳台地区，我国各省份已经基本建成省一级政务服务平台体系，30 个地区按照规范化、标准化和集约化的标准构建了覆盖省市县三级以上一体化网上政务服务平台，已有1481个省直部门、441个地市政府的18297个部门、3629个县级政府的94793个部门、31229个乡镇和247841个村（居）的服务事项纳入平台管理和运行，各省级政务服务平台可提供1481个省本级部门涉及行政许可、行政给付、行政征收、行政确认等10类108100余项政务服务事项服务。①

在中央“放管服”改革政策部署和改革精神的指引下，在浙江“最多跑一次”如火如荼开展的示范作用下，2017年5月，浏阳市政府率先在湖南开启了“最多跑一次”改革。

1. 浏阳市“最多跑一次”改革的发展历程

浏阳市“互联网+政务服务”发展历程大致分为政务公开阶段、政务服务阶段。

1.1 政务公开阶段

浏阳市政府1995年开展政务公开工作，2000年将浏阳市政务公开中心更名为浏阳市政务服务中心。在2004年至2007年间，连续4年被评为全省政务公开工作先进单位，2007年被评为全国政务公开工作先进单位，同年政务公开工作全面下乡。2008年将电子监察系统应用于行政审批服务的规范化、制度化的推进过程，有268项审批事项被纳入电子系统，办理率近50%。2011年建设市民信息查阅中心，为人民群众获悉政府相关政策提供明确的渠道支持。2012年1月31日发布浏阳市关于印发《浏阳市政务服务中心规范权力运行制度汇编（试行）》的通知。2013年9月浏阳市政府办向各个乡镇、街道和市直单位印发

① 省级政府和重点城市网上政务服务能力调查评估报告（2019）［EB/OL］. 中国电子政务网，2019-04-18.

《浏阳市政务公开制度》，规定了各级单位政务公开的内容、形式，公开的时限、程序，监督内容和责任追究主体，标志着浏阳市政府政务公开体系的形成，推动政务服务工作在浏阳市全面展开，标志着浏阳市政务工作进入了新阶段。

1.2 政务服务阶段

政务服务发展阶段是浏阳市“最多跑一次”改革全面推进的准备与实施阶段，大致时间是从 2013 年浏阳市政务公开工作的全面开展，到 2017 年浏阳市政务服务体系初步建立，“最多跑一次”改革全面展开。

2014 年，浏阳市政府印发《浏阳市政务公开政务服务工作要点》，“指明政务服务工作要点”，并召开全市政务公开政务服务工作调度会，内容包括推进行政审批服务一次办，提升服务效率，扩大政务服务中心的覆盖范围，推动各个乡镇、社区街道和村政务服务中心的标准化建设，畅通服务热线，扩大政务数据信息公开范围，等等，标志着浏阳市政府政务公开政务服务工作的全面开展。此外，浏阳市政府也在积极推进政务服务体系建设。2016 年，浏阳市政府在政务服务中心的基础上运行“市民之家”，以“市民之家”作为载体，强力推进行政审批制度改革，将“最多跑一次”的理念和目标落实到人民群众和企业到政府办理事件的过程中，同时浏阳市政务中心印发《浏阳市政务服务中心制度汇编》，规范浏阳市政务服务中心的指导思想、工作原则与目标、决策制度、管理制度、日常工作制度、投诉处理办法、限时办结制度，等等，标志着浏阳市政务服务工作的系统化、整体化。自 2016 年 9 月国务院印发了《关于加快推进“互联网+政务服务”工作的指导意见》以来，浏阳市积极跟进国务院政策方针，贯彻落实“以人民为中心”的发展思想和执政理念，于 2017 年 4 月全面推进“最多跑一次”改革。

综上所述，政务服务发展阶段浏阳市政府的工作主要集中在政府办公的公开透明、明确各个责任单位部门的职责权限，是“以政府为中心”的建设过程，但仍然停留于政务服务表层框架的构建，改革并没有深入权力结构的重塑和利益分配格局的重组等核心领域，在第二阶段对深层次核心领域开展了改革。

2. 浏阳市“最多跑一次”改革的主要内容

2.1 扩大政务服务内容

2.1.1 规范政务服务事项清单

政务服务事项清单在群众和企业到政府办理事件的过程中占有重要地位，为群众和企业提供获取、查询和检索等便捷服务。

在浏阳市政府政务公开和政务服务领导小组的领导下，各个职能部门单位在政务大厅的入驻窗口除了提交工作内容、审批条件和流程以及承诺时限外，还需要提交自身单位所在的位置、交通路线和工作时间等信息，并将这些内容再逐项编制成为实施清单，以明确浏阳市政务服务中心窗口的工作规范与群众和企业的事项办理流程，尽可能让人民群众明白事项办理的整个环节，使群众和企业在办理事项时少跑路。

截至 2019 年 7 月 30 日，浏阳市群众和企业到政府办事“最多跑一次”事项共计 1010 项，浏阳市人民群众和企业到政府办事的事项清单大致包括“责任单位”“公布批次”“事项名称”“事项子名称”“事项类别”“事项来源”以及备注，等等。并分别按照权力事项类统计整理了行政备案类 113 项、行政许可类 365 项、其他职权类 176 项、公共服务类 103 项、行政确认类 137 项、专项资金分配类 17 项、行政征收类 41 项和行政给付类 43 项；按照事项来源统计整理了市本级类 770 项，其中浏阳市本级类 32 项，省直管县下放类 230 项，长沙市人民政府令下放类 10 项；按照实施机关（责任单位）统计整理了共计 1010 项；按照公布批次统计整理，第一批 753 项，第二批 114 项，第三批 143 项，共计1010项。其中实现了“最多跑一次”的事项有607项，为浏阳市“最多跑一次”改革奠定了坚实的基础。

2.1.2　整合已有公共服务的方式和途径

政府提供公共服务的方式和途径主要体现为政务服务线上线下服务。政务服务线上线下两条服务线路分别指的是现实空间的政务服务大厅和虚拟空间的网上服务平台，统称为“互联网+政务服务”平台。“互联网+政务服务”平台系统大致包括互联网政务服务门户、政务服务管理平台、业务办理系统和政务服务数据共享平台以及业务流程共五部分，各个平台之间以流程实现数据、业务和信息的流通，以实现为人民群众和企业提供更为便捷、更为高效的服务。

2.1.2.1　打造互联网政务服务门户

互联网政务服务门户包括实体大厅、PC电脑端、移动终端、自动服务终端、呼叫热线五个部分，承担的业务有集中公示、更新政务服务信息；根据群众和企业提交的政务服务申请，在通过与政务服务数据库平台信息的核对达到标准要求后，转送至互联网政务服务平台安排处理；并把每一个办理事件的整个阶段（用户注册、事项发布、事项办理、用户互动、办件查询、服务评价）的信息反馈给提交申请的群众和企业。

2016年9月1日，浏阳市建成启用湖南省首个“市民之家”，设有集合政务服务、信息公开等多个功能于一体的实体服务大厅，大厅内设置有电脑、电子显示屏以及人工智能等诸多现代化设备服务端口，其中，一楼大厅主要包括财税服务、不动产登记以及金融服务等以经济服务为主的服务窗口；二楼大厅主要包括社会事务服务、中介服务等以便民利民为主的服务窗口；三楼是以行政审批为主的服务窗口等。另外，大厅于2017年创立网上政务服务办事处，包含网上办事大厅、移动App应用、WAP版、微信公众号等移动端口，浏阳市政府整合全市政务服务网与浏阳市各个街道、乡镇的政务服务网，按照浙江省“政务淘宝”的模式，群众和企业可以通过移动端口进行预约和了解事件办理的整个过程。同时，浏阳市各个职能部门的热线电话统一整合到政务服务热线12345，实现“一号管”呼叫处。

2.1.2.2　搭建统一的政务服务管理平台

这一平台大致包括政务服务事项管理、政务服务运行管理、电子监察管理和电子证照管理共四个系统。政务服务管理平台是群众和企业申请信息的处理站点，把群众和企业提交的申请信息同时推送给数据共享平台和业务办理系统，再从这两个系统获取相关信息反馈给办理事项的群众和企业，同时它在考核部门办理情况方面也具有重要意义。2017年8月1日，浏阳市政务服务管理平台正式上线，群众和企业可以在网上预约办理多项行政权力事项。网民在网上办事大厅提交申请后，系统会自动将信息分类推送给相应的业务处理部门，待审核通过，申请人只需要在实体大厅提交纸质版原件即可，实现了数据和信息多跑路，群众少跑路。此外，浏阳市首启政务进三区的改革，将政务服务深入“商区、社区、厂区”区域。在市委市政府的领导下，在市编办、市政务服务中心、市数据资源局、市直各单位、各乡镇人民政府（街道办事处）以及工作人员的齐心合力下，从2018年11月1日起，浏阳市市直各单位和各乡镇（街道）、村（社区）正式通过浏阳市“互联网+政务服务”平台（基层工作平台）受理网上办事业务。

2.1.2.3　扩充业务办理系统

该系统包括统一业务办理系统和部门业务办理系统，对政务服务管理平台推送的群众和企业提交的申请信息和相关信息进行业务、职能上的统一处理，同时将处理的全部过程及结果反馈给政务服务管理平台，并推送给政务服务数据库予以储存。截至2018年12月，浏阳市政务服务中心“市民之家”入驻职能部门和责任单位36家，设置办事的窗口有 180 多个，可为群众和企业提供办理的事项多达 600 余项，“最多跑一次”的事项有 607 项。此外，“市民之家”还入驻了 14 家中介服务机构，充分为企业办理事项提供最大的便捷。

政务服务数据共享平台主要包括群众和企业的基本信息、地理空间信息、政务服务事项、电子证照、投资项目、办件过程以及监管信息共享库等几乎所有的数据资源，是“互联网+政务服务”体系实现数据共享推动系统运转的基础。目前浏阳市已成功建立按照电子证照、企业证照、政务服务信息基础数据等类别进行归类的互联共享的大数据库，让群众和企业在办理事件时实现信息的互联互通、互认共享。

2.1.2.4 优化业务流程

业务流程指群众和企业办理事项的整个流程，表现为业务数据资源在“互联网+政务服务”体系中的各个系统间的流动，即在互联网政务服务门户、政务服务管理平台、业务办理系统和政务服务数据共享平台等系统中的流动。在互联网政务服务门户这一阶段，主要包括用户注册登录、用户空间信息维护、政务服务事项定位和查询，以及政务服务的网上预约、申请、过程管理、办理反馈和互动咨询等业务；在政务服务管理平台这一阶段，主要包括服务引导、政务服务事项受理、协同审批、事项办结和互动反馈等业务的处理，而其他的业务处理如业务办理系统对申请表、附件材料、受理信息的抓取，对过程信息、审批结果和电子证照的发送等是在互联网政务服务数据共享库平台完成的。以群众和企业在网上政务服务平台办理事项为例：首先，作为单元用户登录互联网政务服务门户，一方面完成基本信息、电子证照、相关材料和第三方报告的填写和上传互联网政务服务数据库平台；另一方面通过 App 根据目录分类、模糊查找、智能推荐等方式完成对政务服务事项的定位，同时可以查询政务服务事项的办事指南及攻略、注意事项等。其次，可以进行网上预约和网上申报，网民通过网上预约的渠道进入政务服务管理平台系统，经过咨询和取号后进入预审和受理，或者在网上直接予以申报，并且在手工填写了申报材料后，以拍照、本地上传的方式提交至“互联网+政务服务”管理平台。最后，“互联网+政务服务”管理平台接收了群众和企业的申请材料后，会推送至业务办理系统进行预审。为了给群众和企业提供便利，一般都会进行协同审批，协同审批包括“绿色通道、多证合一、一照一码、多图联审、联合验收、投资项目并联审批”等方式，这些方式都是业务受理的形式，在完成业务受理之后，将申请表、附件材料以及受理信息传至政务服务数据平台中的业务办理系统，同时政务服务数据库平台将业务办理的过程信息、审批结果和电子证照反馈至办结环节；办结环节仍属于政务服务办理平台，包括收费、制证、录入审批结果，快递签收、送达和反馈评价，等等，最后的流程则是办结反馈环节，具体包括办结告知、网上评价和发布攻略等。

以上是群众和企业到政府办理事件的所有流程环节，其中协同审批环节是整个流程中最为关键的环节，这一环节主要涉及各级政府内部各个职能部门的职责、权限、业务及管理的整合，同时还包含相应的数据共享，这不仅能够突破“条块分割体制”“信息壁垒”的影响，具有较高的效率，而且能够为群众和企业办理事件提供便捷与便利。

目前浏阳市基于各个职能单位已有工作业务的审批时限、审批条件、申请材料、审批程序、收费标准等要素，在坚持便民惠民的原则下，基本实现了政务服务事项“一厅式办公、一窗式受理、一站式服务、一票制收费、一网式运行”，一方面与长沙市、湖南省形成三级联动监察体系，另一方面实现省—市—县—乡—村五级无障碍联通的网上办事体系。在部门协同审批上，以建设投资项目审批为例，浏阳市重新调整设计了与投资项目审批有关的全部流程，包括方案的实施、流程的相关细则、具体绩效考核等因素，实现了“一个部门、一个窗口、一并受理、一文办结”的协同审批的模式，尽可能为群众和企业办理事件提供便利，减少他们跑动的次数，缩短事件办理和审批的时间。同时发改委、国土、住建三个职能部门共同牵头，实行办理材料在部门间的并联审批、内部流通，对建设项目的五个阶段包括立项、供地、设计、施工、验收的相关事项进行联合会审，并根据高效、优质的服务准则对时间、材料进行优化配置，尽可能优化审批流程，此外还取消、暂停相应的前置审批，规范并调整相关审批程序，合并了一定的审批项目，使得相应的企业原则上只提交一次材料，浏阳市的大部分投资建设项目的审批时限缩短至60%以上。此后，审批改革再次提速，投资建设项目审批（备案）缩短到30（25）个工作日，企业开办时间缩短至3个工作日内，同时浏阳市政府行政审批服务局专门开展建设项目审批专题培训会，为企业提供优质的营商环境，为群众办理事件提供便捷的服务。

2.2 在线提供政务服务资源管理

政务服务资源管理指的是政府内部存在的对于资源、人力、科技、财政等政务服务资源的管理。县级政府建设“互联网+政务服务”体系的最初目的是为了给群众和企业更好地供给公共服务产品，但不论是供给公共服务产品，还是完成公共服务产品供给流程的所有阶段，都需要使用到服务资源。“互联网+政务服务”体系的每个环节运作不可避免地会消耗服务资源，因此需要合理、高效地利用服务资源。一方面，服务资源是有限资源，要避免浪费服务资源，以让更多的人享受到服务资源；另一方面，合理利用服务资源，对服务资源进行管理，建立服务资源使用秩序，能够优化“互联网+政务服务”体系的运作流程，以期为群众和企业在办理事件时提供更为优质、高效的服务，让人民群众满意，让人民群众放心。

在浏阳市委市政府的指导下，由浏阳市政务服务中心指导各单位按照统一标准将事项清单梳理录入电子系统，再由浏阳市数据资源局牵头，组织各职能单位部门尽快将自身业务系统整合至统一的互联网政务服务平台中，便于对政务资源的线上管理，实现对政务服务数据资源的共建共享。

2.3 完善政务服务支持与监督

政务服务支持与监督是指政府各职能部门履行职能、职责及业务的环境保障，如制度规范、公共财政政策等保障性环境支撑。各级政府各层级机构要实现提供公共服务产品这一功能，需要一定的政策法规和技术条件的支持与监督。服务支持与监督的内容和公共服务产品与途径方式匹配对应的程度越高，产品提供过程越具有效率。服务支持与监督的内容主要体现在相应的政策文件、法律法规、制度体系建设、技术条件等方面，在群众和企业办理事件的过程中有着举足轻重的地位。完善公共产品供给和流程运作的支撑和保障，其本身就是以维护人民群众的根本利益作为出发点和落脚点，通过规制"互联网+政务服务"体系整体流程运转的操作性过程，既可以实现"互联网+政务服务"体系的规范化，又可以保障"互联网+政务服务"体系的平稳运行和常态化。实现"互联网+政务服务"体系的规范化和常态化需要政府针对"互联网+政务服务"体系建设的各个模块和流程运作的各个环节制定相应的文件法规条例并颁布相应政策文本，同时结合互联网信息技术，充分发挥"互联网+"时代智能化、数字化、网络化的属性，以期建设规范化、现代化、常态化的"互联网+政务服务"体系，为政府利用现代信息技术全心全意地为人民群众和企业提供优质高效的公共服务创造良好的办事环境和优异的营商环境。完善的政务服务支持与监督可以帮助各级政府和各层级职能单位打破条块分割体制的阻碍和信息壁垒，更好地整合、调整和设计各级政府和各层级职能单位的职责、权限、业务、功能和管理，以更好更快地实现流程再造，从而实现跨业务、跨地区、跨部门和跨层级的整体性协同作业，以提升政府公共服务能力和人民群众与企业的满意度，是“互联网+政务服务”体系建设过程中能够实现高效化、标准化、合理化、便捷化的政务服务流程的重要保证，在“互联网+政务服务”实施的核心环节——政务流程再造的过程中有着举足轻重的地位。通过对浏阳市政府关于建设“互联网+政务服务”体系的政策文件作相应的归纳整理，截至2019年9月1日，浏阳市“互联网+政务服务”体系的服务支持和监督内容主要表现为三类：平台建设、考核监督、工作制度。

2.3.1 夯实平台建设

平台建设主要指对“互联网+政务服务”的线下政务服务大厅、窗口和具体的指标体系设置等，以及对线上网上办事平台的设置等的指导性建设。笔者通过对浏阳市人民政府门户网站检索“互联网+政务服务”体系发现：2017年3月22日浏阳市发布《浏阳市人民政府办公室关于印发〈浏阳市政务信息资源共享管理暂行办法〉的通知》；2018年7月9日浏阳市政府办发布《浏阳市人民政府办公室关于印发浏阳市加快推进政务信息系统整合共享实施方案的通知》，2018年3月浏阳市政务服务中心发布《浏阳市政务公开和政务服务工作领导小组办公室关于贯彻落实〈浏阳市关于进一步深化“最多跑一次”改革着力推进“马上办、就近办、网上办、帮代办”实施方案〉的通知》；浏阳市政府行政审批局发布的浏阳市政务服务中心2017年、2018年、2019年重点工作计划，2019年8月8日浏阳市行政审批局发布《浏阳市人民政府办公室关于印发浏阳市推进“一件事一次办”改革进一步提高行政审批服务效能实施方案的通知》，同时附件《第一批“一件事一次办”任务分解表》，2019年8月26日浏阳市行政审批局发布《浏阳市人民政府办公室关于印发〈浏阳市推进“一件事一次办”改革进一步提高行政审批服务效能实施方案〉的通知》等。这些文件为县级政府“省—市—县—乡—村”五级联通的“互联网+政务服务”体系的建设提供了非常重要的指导作用，尤其是对浏阳市下属乡镇的指导建设，例如，对柏加镇、金刚镇的互联网政务服务中心的建设等起了很好的作用。

2.3.2 落实考核监督

考核监督指对“互联网+政务服务”线上线下平台为群众和企业提供办理事项的过程进行评价，考核相应职能单位是否履行了自身应承担的职责、业务等，是否全心全意地为人民群众服务，同时根据“互联网+政务服务”的指标体系对线上线下两条服务线路的情况进行绩效考核。在2015年9月21日，浏阳市出台了《浏阳市政务服务中心关于印发〈窗口（分中心）及工作人员绩效考核细则〉的通知》，专门针对浏阳市政务服务中心工作人员工作总则、窗口考核、窗口人员考核、考核结果运用等要素进行了详细的规定。

2.3.3 规范工作制度

工作制度指互联网政务服务中心的组织架构、日常行为规范以及办事准则。2016年10月11日，浏阳市政务服务中心发布《关于印发〈浏阳市政务服务中心领导班子成员分工安排〉的通知》。此前，2016年8月10日浏阳市政务中心发布的浏阳市政务服务中心制度汇编里面包含了浏阳市政务服务中心进窗单位选派人员制度、浏阳市政务服务中心工作人员服务规范、浏阳市政务服务中心工作人员统一着装的规定、浏阳市政务服务中心工作人员考勤请假管理制度、浏阳市政务服务中心窗口工作人员行为准则、浏阳市政务服务中心首问责任制度、浏阳市政务服务中心联合审批和联合踏勘制度等共28条，在浏阳市“互联网+政务服务”体系的健康化、常态化方面发挥了重要的作用。

3. 浏阳市“最多跑一次”改革的成效

2017年以来，浏阳市以“最多跑一次”改革作为抓手，扎实推进了“互联网+政务服务”一体化建设，极大提升了人民群众和企业办理事件时的速度、效率、体验感和满意度。浏阳市政府“互联网+政务服务”能力的持续性提高，主要体现在以下几个方面。

3.1 事项办理“简易”化

首先，事项清单越发清晰。随着“最多跑一次”改革的深入推进，浏阳市政务服务中心对政务服务事项作了相应梳理，分为8类事项清单：部门权力清单、部门责任清单、公共服务事项目录清单、“四办”事项清单、“最多跑一次”事项清单、行政审批事项“特别程序”清单、中介服务事项目录清单以及证明材料清单。浏阳市政府为了让群众和企业办理事件的体验程度更高，还提供相应的办事指南，既对相应的行政事项进行解释，又对办事流程作出指导。例如，专门设置了“一件事一次办”的分解表，分解表标出来了牵头部门和责任部门，使得群众和企业办理事件时可以直接对号找窗口。总体而言，事项清单越发标准，“互联网+政务服务”提供越来越明确。

其次，流程越发精简。在浏阳市委市政府的领导下，由浏阳市政务服务中心牵头浏阳市各个职能部门，通过对政务服务事项办理的办理时限、办理条件、办理材料、办理程序、收费标准等事件办理的全部要素进行分析处理，在遵循“一件事一次办”的原则下，经过删减、压缩、整合等方式，形成新的事项办理流程，推进群众和企业到政府办理事件效率和质量的提升。截至2019年10月31日，进驻“市民之家”的621项事件中，有607项实现了“最多跑一次”，企业开办时间由原来的11个工作日压缩至3个工作日，行政审批事项中，仅2018年一年就有38项“承诺件”变为“即办件”。

最后，材料越发规范。自2017年以来，浏阳市政府贯彻落实“便企利民”的初心，通过规范事项清单的办理对象、时限、地点，形成整个省、市、县、乡、村五级同一事项、同一标准；规范了群众和企业办理事件时提交的材料名称、来源、提交单位、方式、数量等，规范了事件办理流程的受理、审核、审批、办结、送达等环节。对于表格和收费也是同一个标准，不断提升人民群众和企业到政府办事的效率和满意度。例如，规定户籍管理类事件办理，要求10天内限时办结，同一类型事件的流程和标准，在市县级别和乡镇街道级别是同一个标准。

3.2 事项办理“便利”化

首先，事项办理不断下沉。在浏阳市委、市政府的领导下，浏阳市、乡镇（街道）、村（居）三级行政主体被纳入浏阳市“互联网+政务服务”基础管理平台，将原来碎片化、分散的乡镇（街道）政务服务中心并联在一起，形成标准统一、多级联动、业务协同办理的“互联网+政务服务”体系。根据“能放就放”和“扩权强镇”的要求，优化梳理和公布可在乡镇（街道）“就近办”的事项，切实将政务服务事项权下放至乡镇（街道），缩短人民群众和企业到政府办事的距离，使得人民群众和企业可以就近进行事项申请、审查和办理等，如社会保险、生育管理、户籍管理等与人民群众息息相关的事项。此外，浏阳市政府专门开设了多类移动政务服务端口、政务服务App等网上政务服务平台，群众和企业可就近进行事件办理的预约、申请、查询、反馈以及评价等。截至2019年12月，浏阳市市本级“四办”事项中“就近办”事项达228项。

其次，政务服务信息化。由市政务服务中心和市数据局牵头，各职能单位部门将自身系统融入统一的“互联网+政务服务”平台，进行集中的工作和服务。同时，共同打造共建共享的数据库，使用统一的功能系统，如身份认证系统、电子证照系统等，从而实现各个职能部门业务系统之间的互联互通互享，基本实现“一点登录、一号认证、一网通办”。市政务服务中心还积极推进各个乡镇（街道）推广自助政务服务机，并提供众多移动政务服务端口，截至2018年12月，“浏阳政务服务事项网上可办率达到94%，其中有434个事项实现全流程网上办理。”①

3.3 事项服务“满意”化

首先，帮代办不断完善。为了更深入推进“最多跑一次”改革，浏阳市在已有基础上探索帮代办服务，将“互联网+政务服务”推进最后一公里。为此，浏阳市政务服务中心专门制定了湖南省首个地区性帮代办服务标准；培养专门的帮代办工作人员，为不便利的老、残、病群众服务；专门规定了相应的帮代办流程以及服务对象，真正将“互联网+政务服务”推进最后一公里。

其次，建立“好差评”制度。为推进升级版的“一件事一次办”改革，进一步提高行政审批服务效能，把群众和企业在办事过程中的满意度和体验感当作评价标准。同时，利用互联网信息技术和12345热线实施实时监督。

结束语

总体来说，“最多跑一次”改革在浏阳市委、市政府的全面领导下迅速发展，内容和模式不断丰富和发展。但仍然存在改革配套措施亟待全面普及、“全市一张网”各个网点之间的联系不够密切、以人民为中心的执政理念与互联网信息的化学聚变反应不够剧烈、职能部门之间的数据整合不够深入、人民群众和企业的体验感和满意度仍具有较大提升空间、缩短办理时间背后存在风险预防等问题。

思考题

1. 如何从整体性治理的角度理解浏阳市“最多跑一次”改革？

---

① 聚焦优化营商环境，助推浏阳高质量发展［EB/OL］. 浏阳网，2019-01-21.

2. 怎样防止政府监管在业务流程简化过程中的失位和缺位？

3. 怎样确保在“互联网+政务服务”体系建设中体现党的全面领导地位和政府的主导地位？

案例教学手册

1. 知识要点

整体性治理理论：以公民需求为治理导向，以信息技术为治理手段，以协调、整合、责任为治理机制，对治理层级、功能、公私部门关系及信息系统等碎片化问题进行有机协调与整合，不断从分散走向集中、从部分走向整体、从破碎走向整合，为公民提供无缝隙且非分离的整体性服务的政府治理模式。

随着“人工智能”的广泛应用，整体性治理可在三个方面发力：第一，注重技术与治理在能力、方法、结构等方面的协调性，通过“人工智能”技术实现“点对多”式的连接，实现“点对点”式的精准化、协同化、智能化服务。第二，注重技术应用与体制改革的系统性，人工智能的应用可以倒逼工作流程再造，但是问题解决的根本在于行政体制的变革，既包括机构设置的变革、权力的梳理和分配、法律法规的完善与更新，也包括行政文化的塑造与创新。第三，注重“人工智能”技术开发与应用的整体性，一方面，要推动公共服务应用领域人工智能技术的发展，实现技术应用的人性化、智能化、便捷化和安全性，搭建公开、透明、便民、利民的政府管理和服务平台，提升工作人员技术应用能力；另一方面，在技术应用上实现政府垂直层级间、横向政府间、政府内部部门间以及政府内外公私机构间的整体性，实现数据资源的共享和标准一致。

2. 案例分析要点

2.1 整体性治理理论视野中的“最多跑一次”改革

“最多跑一次”改革是指群众和企业到政府办理一件事，在符合法定条件申请材料齐全时，从受理申请到形成办理结果的全过程只需上门一次或零上门。“最多跑一次”改革是在既有“三最”改革的基础上借鉴浙江改革模式发展而来的，在不断深入探索的历程中逐渐形成的具有本地特色的“浏阳模式”。最先的改革部署为“只进一张门、只上一张网、只拨一个号、最多跑一次”，通过政务服务集中化、政务网络一网联通、群众连线只拨一个号、政务标准化建设，推进群众和企业到政府办事最多跑一次。在此基础上通过进一步的流程再造、职责梳理、网络建设、材料精简、队伍完善等措施推进“马上办、就近办、网上办、帮代办、一次办”的整体性改革。2019 年 4 月，湖南开始推行“一件事、一次办”改革，此项改革是“浏阳模式”在省内的推广，也是“最多跑一次”改革的深化和发展方向。

“最多跑一次”改革的出现与 21 世纪社会新要求、我国社会新面貌、基层政府工作新需求密不可分，“人民日益增长的美好生活需要和不平衡不充分发展之间的矛盾”和“增长速度换挡期、结构调整阵痛期、前期刺激政策消化期”对地方政府尤其是处于政策执行末端和前沿的基层政府在经济建设、社会治理和公共服务提供等方面形成了严峻挑战。这些挑战不是单独哪个层级的政府、哪个政府部门抑或是哪个组织能够应对解决的，而“最多跑一次”改革模式的实施依托互联网技术打造跨越政府层级、部门界限、组织分野的无缝隙平台，遵循通过一项事件最多只需跑一次的量化倒逼政府机构改革和流程再造的逻辑，其体现的深层次内涵是以人民为中心的治理和服务理念，是党和国家一以贯之坚持的为人民服务的宗旨以及群众路线的价值观念和工作方法的直观体现，以人民群众的获得感、幸福感、满意度为政府绩效的评价标准。它通过政府结构的扁平化设置以及政府内外部的网络化连接，政府职能的准确定位和行政方式方法的优化升级，政府治理和服务的流程优化以及行政工作人员思想观念的转变来实现政府行政效率、效能、经济和优质。它通过把政府、部门、社会组织、企业、个人和行政工作人员等多元素融入一个有机系统，使其各司其职共同推进治理能力和治理体系现代化。

2.2 怎样防止政府监管在业务流程简化过程中的失位、缺位

强化监督保障措施，建立联动监督模式。一方面，充分利用“互联网+监督”的线上动态监督模式，并将网络监督方式常态化，实现线上线下双轨监督；另一方面，构建由党委、专家、第三方评估、新闻媒体、网络舆情以及公众构成的多元监督主体，发挥社会力量的监督作用，实现内外全方位监督。最终，实现对“互联网+政务服务”的全方位立体式多元主体网格化监督格局，促进“互联网+政务服务”的优化发展。

（执笔人：张鑫、王绪、王敏）

株洲市建设投资项目行政审批机制的改革①

摘要：建设投资领域“放管服”改革涉及部门多，程序复杂、时限长。株洲市启动建设投资领域“放管服”改革，取消大量行政审批事项，调整或合并审批程序和评审环节；优化审批流程，压缩审批时间，创新审批机制；全面清理中介服务，有序放开测绘中介市场；为项目单位节省了大量的资金成本和时间成本，优化了投资服务环境。

引　言

建设投资项目可以分为工业、农业、文教、能源、交通、生态环境等。根据投资主体可以分为政府投资项目、企业投资项目和个人投资项目。建设投资项目行政审批是行政审批的一部分，它是指工程参建各方（包括设计、造价、建设、监理等单位）在项目实施的不同阶段，按照相关规定向管理工程项目的政府职能部门提出审批申请，职能部门对申请进行审核批复等一系列行为规程的总称。

建设投资领域“放管服”改革涉及部门多，程序复杂、时限长。

① 本案例部分内容已发表在2017年10月《区域治理》和11月《今日财富》，并成为谢潇的MPA学位论文的主体内容，案例的行文作了修改。

2013年，株洲市政府调研发现，一个民营资本投资的普通房地产开发项目，从开始立项到完成全部审批，全过程涉及20多个政府工作部门以及下属20个二级机构；开发过程中需涉及中介机构30个，必须召开各类专家评审会7次，缴纳相关服务性收费41项、行政事业性收费（基金）29项、税收3项（不含企业所得税、营业税）。一个项目从立项到开工所花费的时间，短的需要一年半，长的需要两三年。

为深入贯彻落实国务院和湖南省委、省政府简政放权、放管结合、优化服务的决策部署，2015年6月1日，株洲市启动了建设投资项目审批制度改革，市政府先后下发了《株洲市建设投资项目审批改革实施方案（试行）》《株洲市建设投资项目审批改革实施方案》，市政务服务中心配套下发了《株洲市建设投资项目审批改革实施细则（试行）》等文件，进一步加大行政审批制度改革力度，有效推进了项目建设提速和经济快速发展。短短一年多的时间，取得了突出成绩，截至2016年7月底，株洲市建设领域涉改审批部门累计受理975个项目，办结735个。改革前企业投资项目审批需要200个工作日以上，改革后缩短到69个工作日；政府投资项目需要300个工作日以上，改革后只要118个工作日即可完成，企业项目报建成本降低20%以上。

1. 株洲市建设投资项目行政审批改革的演化

1.1 建设投资项目行政审批改革的初始阶段

株洲市建设投资项目行政审批改革初始阶段主要经历了三个过程。

一是制订总体改革方案。根据株洲市政府《关于进一步深化行政审批制度改革的实施意见》中深化建设投资项目等重点领域事项审批改革的要求，株洲市政务服务中心起草了《株洲市建设投资项目审批改革实施方案（试行）》，并通过了株洲市政府常务会议，由市政府下发。

二是制定改革实施细则。2015 年 4 月，市政务中心组织相关部门开始制定五个阶段（立项工可、规划用地、设计审批、施工许可、合并验收）的实施细则，5 月正式下发《株洲市建设投资项目审批改革实施细则（试行）》。

三是正式启动。2015 年 6 月 1 日，株洲市政府发布了改革总体方案和实施细则，正式启动改革。

1.2 建设投资项目行政审批改革的深化阶段

在这一阶段，株洲市根据《湖南省人民政府办公室关于深化投资项目审批制度改革的实施意见》，结合株洲市建设投资项目审批改革实施细则试行的经验，充分征求相关单位部门的意见和建议，修订完成《株洲市建设投资项目审批改革实施方案》。新方案增加了政府投资项目建议书、可研审批流程、招投标及财政评审等流程事项，并对流程细节作了数十处的优化和调整。主要修订的内容有：调整审批阶段设置，增设防空地下室建设审批环节及制定建设或缴费选择标准，限定建设项目水土保持方案编制范围，要求规划部门明确建设项目外形、风格、颜色的审查范围及负面清单，进一步优化联合审批程序，简化咨询评估环节，推进测绘中介机构开发改革。

建设投资领域行政审批改革的做法与成效主要表现为以下几方面：

1.2.1 缩减政府审批事项，减少前置条件

2015 年 5 月，株洲市在湖南省率先公布“三清单一目录”（权力清单、责任清单、涉企收费清单及外商投资准入管理目录）。清单数据显示，株洲市政府工作部门的行政权力事项以及继续实施的行政许可项目大大减少。在建设项目行政审批改革方面，在确保工程质量、生命安全、环境安全底线的前提下，对同类事项及不同部门负责的事项合并办理，实行“一家审批、多家备案”的方式，共取消行政审批事项 7 项，调整或合并审批程序 13 处，取消 4 个专家评审环节，精简各类受理资

料65项。

表2.1 株洲市建设投资项目行政审批改革取消的项目

取消的审批事项（7项）	发改委招标方式核准、园林绿化方案审查、建筑项目亮化单项审查、水土保持方案批复、抗震设防要求审批、防雷装置设计审核、环境影响评价书（表）批复
取消的专家评审（4次）	水土保持方案、环境影响评价、亮化设计、项目申请报告（可研）4个环节的专家评审，将各部门单项审查改为在初步设计阶段合并审查，此阶段有专家评审
取消或暂停的前置中介服务	项目申请报告、交通影响评价、雷击风险评估、城区一般项目水土保持方案、能源评估、地震安全性评价、招标代理、环境影响评价书（表）编制、防雷装置施工图审查（单项）、防雷装置验收检测以及国土、规划、房产的测量合并为一

从三个阶段推进“一家审批、多家备案”：

一是在立项阶段，对所有项目的雷击风险评估、能源评估、交通影响评价、城区项目的水土保持方案、非工业项目的环境影响评价等不再单独编制评估报告，不再单独审查和批准，并入工可报告中合并审批。

二是在设计阶段，取消人防、地震、气象、园林、城管、水务等部门的单独审批，改由住建部门牵头，各职能部门参加审查，住建局一家审批，设计结果送相关部门备案并监督。

三是在工程实施和竣工验收阶段，竣工验收由住建部门牵头，人防、地震、气象、园林、城管、规划、国土等部门不再单独验收和出具单项验收报告，实行合并验收，由住建局一家审定认可，相关验收资料报职能部门备案并监督。取消了国土、规划、房产等部门的单独测量，改由业主委托具备资质的社会测量机构一并测量，统一技术标准，政府采信其结果。同时，在保留的审批事项中，进一步精简和调整其审批要素。

1.2.2　减少前置中介服务

前置中介服务较多是制约行政审批效率的重要因素，株洲市本次改革取消或暂停多项前置中介服务，为项目单位节省的时间少则半个月，多达2个月以上。

2. 优化审批流程，压缩行政审批时间

为改变长期以来建设项目行政审批繁杂冗长的现象，株洲市在建设项目审批改革中坚持先行先试，坚持创新原则，只要不违反法律，不影响公共安全和社会稳定，不造成环境污染的改革都进行尝试，推出了并联审批、在线审批、预约服务等一系列改革举措，极大地压缩了行政审批时间。同时，株洲市政务服务中心集中在各个环节设立登记窗口，并向报建单位发放审批服务指南，统一受理资料，实现流程公开、时限公开、监督公开。

2.1　并联审批

将建设投资项目的审批流程精简为立项及工可、用地审批、规划审批、施工许可和合并验收5个阶段，各阶段实行牵头单位组织联合审批、一章办结，如初步设计及合并验收由住建局牵头组织进行合并审查（验收），邀请消防、规划、气象、人防、园林等相关职能部门派人员参加，在审查合格后由住建局一个公章办结。并联流程为：在各阶段实行联合登记进件、并联分送预审审批材料，合并一批审批程序。

2.2　网上审批

株洲市建立了涵盖建设领域并联审批、行政审批、公共资源交易的全程无纸化网上行政审批服务，实现审批“流程全公开、信息全共享、过程全监督”的格局，行政审批效能稳步提高。通过网上审批，株洲市本级审批项目法定时限平均为26.7天，入网审批项目平均承诺天数为10.57天，但实际平均办结天数仅为5.17天，提前办结率90.96%，初步实现了“让群众少跑路，让数据多跑腿”。

2.3　预约服务

为更好地为企业提供方便、快捷的审批办理服务，按照“特事特办”“急事急办”的原则，株洲市开创“预约服务”模式。在该模式下，企业可以先进行预约，值班工作人员接受预约后，在周末履行预约服务程序。预约服务很大程度上解决了企业时间紧迫却在周末无法办理的问题。

3. 创新审批机制，提高行政效能

3.1　推行“首席代表制”

在政务服务中心设立行政审批首席代表，负责该单位所有审批项目的受理，独立行使两类授权的审批职权，可直接签署暂不涉及向上争取资金的企业投资项目备案、招投标事项核准两类批复文件。由于审批程序化繁为简，行政审批效能大大提高。

3.2　推行容缺受理模式

在法律法规框架内，打破了“申请材料齐全且符合法定形式后再受理”的固化模式，改为“边补正材料，边受理审核”，为项目单位节约了审批时间。如住建局办理《建设工程施工许可证》时，容缺受理2项资料，为业主节约时间20天左右；规划局办理《建设项目选址意见书》时，容缺受理3项资料，为业主节约时间15天以上。

3.3　推行“绿色通道”

对民生工程、重点项目，开设“绿色通道”，实行专门的审批流程和时限。纳入“绿色通道”的项目由监察效能部门全程跟踪督办，列为市纪委重点效能监督建设项目，通过跟踪协调、效能监督的形式，保证项目更快推进。目前，共有80余个项目进入审批“绿色通道”，包括保障性安居工程、民生实事工程及基础设施项目、园区产业项目，项目审批平均较正常承诺时限缩短了30%以上。株洲飞鹿高新材料股份公司仓库报建审批，原本需要4个月，通过全程代办实际仅用20个工作日便完成了。

3.4 推行"一费制"

把行政审批办证和收费相对分离，并在市政务服务中心设立"一费制"服务窗口，变过去各部门、各单位分散征收费用为一个服务窗口集中征收。建设单位在领取建设工程规划许可证时，一次性就能缴清所有费用。"一费制"在收费方式上变分散为集中、变多次为一次、变多头为一头，在收费标准上变有弹性为无弹性，提高了办事效率，有利于杜绝"关系费""人情费"现象，实现公平、公正、公开。

3.5 推行审批目录化管理

编制建设投资行政许可事项通用目录，对建设领域的行政许可事项实现动态化、信息化管理。对于没有纳入目录的许可事项，一律不进行审批。及时纠正随意调整和变更行政审批事项目录的行为，并作出严肃处理。

4. 全面清理中介服务，有序放开测绘中介市场

改革前，建设项目的行政审批主要是两个方面：一方面是行政部门的审批；另一方面是各类中介服务、各种资质的鉴定，专家评审会的召开，时限拖得很长，其中中介服务时限占审批时限的70%。中介服务多，既耗费了业主的时间，也增加了业主的成本。为推进建设项目行政审批提速，减轻项目单位负担，株洲市采取取消或暂停前置中介服务的方式，逐步规范了中介服务市场。同时，有序放开测绘中介市场，建设单位可自主选择房产局测量队、国土局测绘院和规划勘测院中任意一家测绘机构进行房产测量以及验收阶段的规划、国土测量；全面放开规划

定点放线测量。

5. 优化投资环境，改善公共服务质量

株洲在改革中推出减少审批事项、优化审批流程、明确审批责任、限制审批时间等一系列改革措施，为项目单位节省了大量的资金成本和时间成本，优化了投资服务环境，促进了项目落地。审批单位制作发放了办事服务指南，明确了各项审批内容的流程、资料、审批时限，再加上实行联合审批、一站式服务，改善服务质量，优化服务环境，极大地方便了项目单位办理行政审批相关事项。

各单位普遍加强建设项目行政审批作风建设，株洲市政务服务中心与监察局联合，对进驻单位审批项目的日常运转及窗口工作人员进行规范，每月将窗口工作人员的出勤信息、审批提前（超期）信息、日常巡查、社会监督评议等情况统一评比考核通报，还开展了“纠四风、治陋习”专项整治工作，较好地促进了窗口工作人员工作作风的转变。笔者在政务服务中心随机抽取100名报建人员进行调查，结果显示32%的项目报建人员认为建设投资项目行政审批运作非常规范，50%的项目报建人员认为行政审批运作比较规范，18%的项目报建人员认为行政审批运作规范程度一般，认为不规范和很不规范的为0。

株洲市建设投资领域行政审批改革精简了审批流程、降低了审批成本、规范了权力运行，提升了审批效能，政务服务中心和各职能部门的服务态度比改革之前大有好转，受到普遍好评。

附录 1

株洲市建设投资项目审批改革实施方案

为进一步深化我市建设投资项目审批制度改革，提高项目审批效能，推进服务型政府建设，营造良好投资环境，根据《湖南省人民政府办公厅关于深化投资项目审批制度改革的实施意见》（湘政办发〔2015〕82 号），参考外省市做法，结合我市实际，制订本实施方案。

一、改革目标

通过科学整合审批环节，合理分类审批事项，压缩审批时限，控制中介服务时间，对具体流程实施优化再造，实行牵头部门统一受理协调、合并审批、限时办结等制度，全面提高我市建设投资项目审批效率，大幅压缩建设投资项目审批周期，企业投资项目行政审批总时限控制在 65—69 个工作日以内，促进建设投资项目早落地、早投产、早收益。

二、适用范围

市本级审批权限内的政府投资建设项目和企业投资建设项目。

三、主要改革内容

（一）整合审批服务流程。推行“一次受理、一并办理、一文办结”审批模式，将建设投资项目审批流程整合为立项工可、规划用地、设计审批、施工许可、合并验收 5 个阶段，并在每个阶段设立联合登记窗口。每个阶段除明确本阶段相关审批环节外，还明确了本阶段涉及的中介技术服务环节。

（二）实行统一受理出件。在市政务服务中心设立5个阶段受理登记服务窗口，由中心工作人员及牵头单位窗口工作人员联合组成。5个审批阶段的审批事项，统一由联合登记窗口对申请进件资料进行要件式审查（中心工作人员负责）和实质性初审（牵头单位窗口人员负责），出件资料进行登记和办结告知，负责该阶段审批协调并启动计时督查。

（三）压缩审批服务时限。进一步压缩各环节审批时限。一是规范中介服务，给定了各中介环节技术服务时限并定期公布其实施情况；二是进一步压缩了企业投资政府审批各环节审批时限。

（四）优化联合审批。一是建设投资项目全程联合审批限定为4个，即项目联审（政府投资项目）、初步设计合并审查、施工文件联合审查和合并验收。二是将消防、人防等部门审批整合至相应审批环节一并进行。

（五）简化咨询评估环节。凡法律法规和规章无明确要求编制项目文本、图件的，各部门一律不得要求项目单位编制和提供有关项目文本、图件。对于情况简单、已掌握足够决策信息的项目，在项目审批、核准或办理其他有关环节审批手续时，一律不得委托评估；对已评估的事项，不得重复评估。建设项目审批中所涉及的各类复核、评估论证或专家评审费用，一律由相应的审批职能部门承担，不得向项目单位收取任何费用。

（六）规范中介服务。确立中介机构的市场主体地位，由企业自主选择中介服务。编制行政审批所需申请文本等工作，除法律法规有明确要求外，企业可自行完成，也可自主委托中介机构开展，行政机关不得干预。对中介机构出具假报告、假认证等违法违规行为，市政府办牵头组织住建、规划、国土等相关部门依法严肃查处，记入不良记录，定期向社会公布。对问题严重的，实施行业禁入直至追究法律责任。由于中介服务单位提供虚假或错误的服务内容造成审批失误的，中介服务组织应承担相关法律责任。

（七）有限放开测绘中介市场。建设单位可自主选择房产局测量队、国土局测绘院和规划勘测院中任意一家测绘机构进行房产测量以及验收阶段的规划、国土测量；全面放开规划定点放线测量。由市政务服务中心会同市测绘主管部门拿出具体实施方案报市人民政府批准后实施。

（八）精简相关环节办理流程

1. 立项工可阶段

已列入国家、省、市国民经济和社会发展五年规划纲要；已列入国家、省、市政府批准的专项建设规划；总投资1000万元以下，且不需新增建设用地；政府常务会议研究同意的建设项目和已经列入市政府年度投资计划的建设项目，不再审批项目建议书。

规划要点和选址意见书实行合并办理。

精简审批（核准）前置条件。在项目可研报告（申请报告）的审批、核准阶段，一般只保留用地预审和规划选址两项前置审批，重特大项目增加环评审批为前置条件。建设投资项目不再要求申请人提供地震安全性评价报告，属于《需开展地震安全性评价确定抗震设防要求的建设工程目录》（中震防发〔2015〕59号）所列工程，由审批部门委托有关机构进行地震安全性评价。

2. 规划用地阶段

房地产类项目环评文件审批、文物调查勘探等调整至土地出让或划拨前完成，按用地区域范围出具相关报告，其费用计入土地出让成本。

市水务局应尽快编制全市水土保持规划，列明易发生水土流失的区域，对列入水土流失易发区域的建设项目应编制水土保持方案，非水土易流失区域无须编制水土保持方案。同时，市水务局参加项目立项工可阶段会审。在全市水土保持规划未出台以前，暂停城区一般建筑工程水土保持方案编制及审批（新增建设用地的项目一次性开挖动土面积超过50亩的除外）。

不涉及新增用地、在已批准的建设用地范围内进行改（扩）建的项目，不进行用地预审。

3. 设计审批阶段

市规划局对一般项目进行规划设计方案审查时根据法定控制性详细规划提出的规划条件，仅审查用地位置、性质、面积、界限、容积率、建筑高度、建筑密度、间距、退让距离、日照分析、绿地率、停车位配建（出入口设置）及配套设施等是否得以落实。外观、色彩等其他事项在初步设计联合审查会议提出建议供后阶段深化设计参考。

凡涉及城市重要节点、标志性建筑的建设项目，外观和色彩等需进行方案专项审查的，要事先建立负面清单，具体项目范围由市规划局拟定，报市人民政府批准并公布，列入用地规划审批阶段规划条件之一。

在规划总平面图审查的同时，进行人防防空地下室审批。工业项目以及项目总建筑面积在3万平方米（含）以下的项目可由业主自行选择建设或缴费，其他项目应建必建（因地质条件不能建设的，须经人防部门批准）。

4. 施工许可阶段

建设工程项目施工图文件实行联合审查，市住建（含园林等职能部门）、规划、消防、人防、气象、地震、城管（灯饰管理处）为联审单位，邀请建设行政主管部门认定的房屋建筑及市政基础设施工程施工图审查机构参加。项目的具体参审单位由市住房和城乡建设局根据项目的性质、规模及各部门的法定职责确定。

取消施工单位施工人员上岗登记表、民工工资保证金证明、意外保险金证明等办理施工许可证的前置要求，以上工作改为日常监管内容。

四、职责分工及要求

（一）市行政审批改革领导小组办公室（简称市审改办）总牵头负责组织推进建设投资项目审批改革工作，市政务服务中心负责全程协调、监督5个阶段审批流程方案的实施，并进一步优化完善各阶段操作流程。市委办、市政府办督查室负责实施督查。

（二）市发改委、市国土资源局、市住房和城乡建设局分别为各阶段的牵头责任单位，其中市发改委负责牵头推进立项工可阶段，市国土资源局负责牵头推进规划用地审批阶段，市住房和城乡建设局负责牵头推进设计审批阶段、施工许可阶段和合并验收阶段。

（三）市发改委、市国土资源局、市规划局、市住房和城乡建设局(含园林等职能部门)、市环保局、市人防办、市消防支队、市房产局、市财政局、市气象局、市城管局（灯饰管理处）、市水务局、市人力资源社会保障局、市文物局、市公共资源交易中心等部门根据审批事项所属的不同阶段，分别为建设投资项目审批对应阶段的联审单位。

（四）各审批单位做好内部审批职能归并、流转程序及事项、人员整体进驻窗口（“两集中、两到位”）的工作。各审批部门要明确一名主管领导和行政审批科长作为联络人，专职负责协调处理涉及的相关审批事宜，及时通报项目进展情况，督办跟踪本单位未及时办结的具体事项；授权委托参加合并审查（验收）会议的工作人员（可设A/B岗），代表本部门发表审批意见。

（五）各审批阶段流程先行采用人工、纸质流转和内部电子审批流转并行方式，待行政许可审批系统升级改造后切入新系统流转审批。新审批系统未正式运行以前，各阶段审批结论出件时需加注联合登记窗口登记签注。

五、其他

本实施方案涉及的各阶段受理资料，由市政务服务中心组织各牵头单位及联审单位梳理优化后印发。

附录2

发达国家建设项目行政审批改革的经验

20世纪60年代，经济发达国家都已经基本建立了建设项目行政审批制度。经过50多年的发展演变，已逐步形成了一套行之有效的做法与规则。本文通过分析美国、英国、日本三个发达国家建设投资项目行政审批制度方面的做法和值得借鉴的地方，为今后我国建设投资项目审批制度改革提供参考。

一、美国的建设投资项目行政审批

作为高度发达的资本主义国家，美国的项目建设发展早，行政审批运行规范。对工程建设项目的管理采取市场化运作，完全遵循市场规律。政府以一个普通业主的身份，共同参与管理市场。美国的行政主管部门包括房屋和规划发展部、开发咨询委员会和发展服务部门，它们的主要职能分别是：负责规划设计工作，通过规划决定每一块土地的用途（包括建筑类型、密度以及高度等），以此对土地进行管理；负责对项目的审查工作，核查工程项目的施工是否按批准的设计图纸进行，质量是否达到各项法律法规的要求。①

美国建设项目行政审批流程:

(1) 总体规划审批。城市规划条例是总体规划审批的依据,要根据条例审核建设项目是否与城市总体规划相符,是否达到环境保护的要求。城市规划条例一般由政府牵头拟定,通过召开公众意见听证会,向社会各界征询意见后,最终确定是否审批。高度的公正性和权威性是城市总体规划审批的主要特点,所有的建筑开发商、投资者都必须严格执行。若违反规定申报或施工,其后果会非常严重。②

(2) 开发委员会审核。开发委员会由所在城市各个部门和当地的群众团体组成,开发咨询委员会主要审核建筑设计、地震灾害、排水、环保、学校、停车场等项目。③

(3) 现场规划审批。在完成总体规划审批后,承包方或建设方申报该方案,这个环节的主要目的是保证建筑物外立面视觉效果及功能的实用,同时鼓励建设方创新规划方案。

(4) 建筑设计审批。通过相关的建筑法律法规来审核项目是否具有设计的合法性,针对一般的商业性建设项目,政府会相应地设置部分前置审批环节,比如,审查初步的设计方案,如果通过了前置审批,即可获得施工的许可证。

(5) 全过程监督。在项目竣工后,建筑商必须向发展服务部门提交验收申请,验收环节可以通过网上申报系统全程跟踪。

(6) 所有权证书申请。建设项目完成后需申请所有权证书。在监督员审查完工程建设项目的所有环节后,建设方或承包方才能提出该证

---

① 走进美国房地产之一:美国房地产概况 [EB/OL]. 搜狐网, 2016-04-11.

② 党斌,符定辉. 西方国家房地产项目审批流程的观察及经验借鉴 [J]. 管理与财富, 2009 (5): 86-87.

③ 江苏省外国专家局. 谈美国加利福尼亚州的城镇规划管理——以美国西米谷市为例 [EB/OL]. 中国国际人才交流协会, 2005-03-25.

书的申请。

二、英国的建设投资项目行政审批

英国是一个联邦制的国家，国土面积不广袤，城市发展方式不能采取美国的模式。由于城市空间有限，它需要尽可能地提高土地的配置效率，节约城市建设用地，完成产业发展和高密度的人口安置。

1997年6月，英国环境部和交通部合并成立了“环境交通区域部”，它成为英国建设的主管部门，下设有建设局，主要职能是提高建设的质量和建筑生产的现代化水平，提升经济效益。

到2001年6月，其职能有所调整，由贸工部负责建筑工业的工作，并协同国家统计部门向整个社会公众提供各种建筑统计数据。

英国是较早推行工程建设项目网上审批的国家。建设项目行政审批分为规划审批和建筑规定审批，两项审批均可以在网上申请。规划审批的主要内容是：审核建设项目设计是否符合城市整体规划用地相关要求，项目外立面视觉效果是否与周边环境相匹配等。部门承诺的规划审批时限为56个工作日，而对于政府投资的重大项目及大型工程建设项目，审批的时间会相对延长，原因是该流程还包括了向社会听证的过程。建筑规定审批包括：建筑结构、施工方式、能源保护、抵抗恶劣气候能力等。

三、日本的建设投资项目行政审批

日本的建设投资项目审批制度具有完善的法律和法规，包括《建筑基准修改法》《日本建筑业法》等，有统一的严格管理和明确的职责分工。日本对建设投资项目管理、工程招投标管理采用的是协同负责制，在中央设置国土交通省，其主要职能是负责全面管理政府机关的办公建筑、国家公路、铁路、港口、航空、大型水利等项目和一部分公共、私人住宅工程。首相府所属的国土厅、环境厅对建设活动行使部分指示、监督和管理职能。①

根据日本的自治法，各地采取独立管理地方工程建设，受国土交通省的业务指导。国土交通省主要负责管理政府性投资工程的建设，包括从调查、计划、完工和交付到设施的维护。日本针对建设领域的企业设立了资格审查登记制度，各发包机关必须对参加公共工程投标的承包商进行资格审查。在土地私有制的日本，其对违反审批规定的行为没有设置行政罚款，因为公之于众就是对建设方最大的严惩。

1960 年以来，日本先后进行了 7 次行政审批制度改革，政府职能部门行政审批项目大幅减少，也就意味着政府对工程建设的行政干预越来越少，尽量地发挥社会作用，最后演变成了在市场经济条件下放松政府管制的模式，使得工程建设速度加快。

美英日三国在发展市场经济和构建相应的建设投资项目审批框架方面已经有上百年历史,② 其中英国更是可以追溯到 16 世纪,③ 它们都积累了相当丰富的经验，也形成了比较成熟的行政审批法律体系和行政审批市场化管理模式，值得我们在改革进程中借鉴参考。

(1) 机构设置简明。发达国家行政审批机构较少。一是它们最大限度地简化审批的组织形式，主要审批机构仅限规划、建设两个部门，其他如环保审批、国土审查、消防验收等均从属于规划、建设部门审批。二是发达国家政府将大量审查权限下放到行业团体、协会等，大部分审查环节由具有相关资质的行业团体或协会完成，政府不负责审批或复审，只是进行监督。行业通过自行管理、优化创新审批机制能够最大

---

① 赵云宝. 地方政府投资工程管理研究 [D]. 郑州：郑州大学，2011.

② 仇苟，朱淑英. 美日行政审批制度及对我国的启示 [J]. 边疆经济和文化，2004 (10)：87-88.

③ 李世蓉，徐波. 英国建设管理体制及相关制度咨询报告（一） [J]. 建筑，1999 (3)：33-34.

限度地减少企业花费在行政审批上的时间成本。

(2) 审批环节精简。审批环节的精简，得益于行政审批部门组织形式的精简。仅用美国作为例子，一个项目从最开始的申请规划许可到最后的施工许可，仅有4项涉及行政审批。同时，每个环节基本实施并联审批，项目方可以向政府审批机构同时准备各项材料。在审批环节出现的精简，结果必定造成其中某一些审批环节工作量增加，同时还会出现审批所需时间延长的情况。因此，一般普通的工程建设项目审批，政府行政审批部门都是以尽量精简的程序和最短的审批时间去完成审批。但是，如果是特殊工程建设项目，则会进行特殊对待。

(3) 审批时限明确。在许多发达国家，对企业或群众的各项行政审批被视作政府的义务性服务，服务型政府的理念不仅深入民心，更融入了整个政府体系当中。就每一个工程建设项目的审批时限，政府都会作出明确规定。一般在项目建设方提交了所有申请材料之后，政府就会预估时限，并给出承诺时限，正常情况下会在承诺时限到达之前完成审批并告知项目建设方。如果遇到特殊情况，则会提前告知申请人需要延长一定的审批时间，并说明需要延时的理由。采用这种方法的好处是可以确保建设方不会因时间延长或不确定因素导致修改施工计划，从而确保工程建设项目能够顺利进行。

(4) 审批信息透明。在发达国家，实行土地私有制。因此，满足公众利益是任何一个工程建设项目得以实施的前提条件。首先，政府部门会邀请公众来参与工程建设项目的建设听证会，并提出意见。政府在收集、综合了公众意见之后，进行详细论证。根据论证的结果，来完善审批项目建设的方案。最重要的一点是，公众在项目建设的规划审批阶段拥有否决权，公众的意见在很大程度上能左右审批结果。其次，发达国家充分运用电子政务系统，大力推广网上申报与审批，整个程序公开透明。美国、英国、日本等国家的建设部门基本上实现了电子政务系统全覆盖，网上申报与审批极大地提升了政府的工作效率。

(5) 审批法律完善。美英日在建设投资审批制度改革方面，制定了专门性的行政审批改革法律，明确规定了政府的管制权限，做到了改革有法可依。此外，发达国家都配备司法审查，在法律层面加强对政府管理的监督和制约。目前，我国针对行政审批的法律只有《中华人民共和国行政许可法》，亟待健全行政审批相关法律法规，同步配套政策条例，用以规范政府的行政行为。

案例教学手册

1. 知识要点

1.1 流程再造理论

政府流程再造主要有三个方面的内容：一是政府功能的定位；二是改革提供公共服务的方式；三是内部体制改革。目前，株洲市的行政审批工作在这几方面都存在不足：一方面，在具体的审批事项上政府的职能定位不清晰，要进一步清理权责清单；另一方面，政府的审批服务供给不足，还存在“重审批、轻服务”的问题。要解决以上这些问题，必须要对审批流程进行再造和优化。流程再造理论可以为株洲行政审批流程的改造提供理论依据，促进审批流程的优化，提高审批效能。

1.2 服务型政府理论

“服务型政府”理论是20世纪90年代提出的。而学术界对“服务型政府”的概念众说纷纭，比较被认同的是：“服务型政府是在公民本位、社会本位理念指导下，在整个社会民主秩序的框架下，通过法定程序，按照公民意志组建起来的，以为公民服务为宗旨并承担着服务责任的政府。”① 服务型政府的核心特征可以概括为：“服务型政府是以人为本、法制有效、民主负责、合理分权的政府，是一个为全社会提供公共产品和公共服务的政府。”②

行政审批制度改革的主要任务是简政放权、放管结合和优化服务，实质是政府职能的转变。株洲市通过改革提升政务服务品质，打造良好的投资环境，推进各项政策的落实，对于促进社会经济的发展和构建和谐社会都有重大意义。

1.3 有限政府理论

根据有限政府理论，政府在权力、职能、规模和行为方式等方面都是有限的，并且受到法律法规的限制，不可以滥用权力，公权私用，不能与公民的利益相违背，更不能损害民众利益。政府要保障人民群众的合法权益不受侵害，坚决打击滥用职权和职能膨胀的行为。

2. 案例分析要点

2.1 行政审批的新变化

近年来，政府不断强化社会职能，更加重视群众诉求和对民众意见的采纳，自愿接受人民群众的监督。关于行政审批手续，发生了一些新的改变，这些改变主要体现在：

（1）在行政审批过程中更强调知情权和监督权的作用。在一些地方，信息不对称和审批不透明的现象时常发生。烦琐的行政审批程序以及尚未健全的行政审批手续是这些现象发生的原因之一。确保行政审批公开透明最主要的是要实行信息公开制度，这一制度明确指出了行政审批机关应该向民众公开的和行政审批相关的必要信息（包括行政审批

① 刘熙瑞．服务型政府——经济全球化背景下中国政府改革的目标选择［J］．中国行政管理，2002（7）：5.

② 张雯雯．当前我国行政审批制度改革研究［D］．青岛：中国海洋大学，2009.

的内容、时间及地点等，依法进行保密处理的事项除外）。

（2）对行政审批机关的监督约束机制亟待完善。监督约束机制的完善能充分调动人民群众的参与积极性，更好地发挥其监督作用，促使政府提高公信度。同时，也有利于充分保障人民群众的合法权益。

2.2 避免行政审批碎片化

随着行政审批专业化程度日益加深，行政管理碎片化现象也日趋严重。部分政府官员用追逐地区或部门利益的方式来实现自身利益最大化。同时，在利益的驱动下，有的职能部门会按照本单位需求，新增甚至滥设行政规章或制度，这就意味着会有新的审批事项产生。"政府权力部门化、部门权力利益化、获利途径审批化"① 是对目前行政审批制度缺陷的经典概括和总结。对审批事项的清理、精简和下放，实际上剥夺、削弱了审批部门的既得利益，从而带来政府内部权力格局的改变、审批部门管制权能的下降和对行政审批相对人影响力的降低。

2.3 推进行政审批标准化建设

制定审批事项标准体系。各审批部门要梳理本部门审批事项，以审批条件、办理流程、重要提示、文书格式等为主要内容，对每个审批事项都制定标准。由政务服务中心汇总后，编制全市建设投资项目行政审批事项标准体系。

制定联合审批标准体系。以株洲市建设投资项目行政审批改革实施方案与实施细则为依据，以立项、用地审批、规划审批、施工许可、合并验收5个阶段中的联合审批制度为主要内容，制定株洲市建设投资项目行政审批联合审核地方标准体系。

制定构建行政审批服务标准化体系。以建设投资项目行政审批中的

---

① 王屹．用规则限制自由——就行政审批制度改革与国家行政学院杜钢建教授的对话［J］．中国改革，2003（3）：27.

服务规范为主要内容制定服务标准化体系，包括服务通用基础标准、服务提供标准、服务保障标准3个母体系，以及标准化导则、服务沟通规范标准、服务质量标准、服务环境设施标准、人员管理标准等子体系。

以上标准体系在制定后，都应以地方标准形式向全社会公布实施，以便全社会（特别是项目单位报建人员）知晓、理解和掌握。同时，还应配套建立相应的标准实施机制。

2.4 加快行政审批信息化建设

要抓紧制定网上审批系统建设的时间表和路线图，并配套相应的考核机制与督导机制，加快网上审批系统建设进程，建成网上审批系统，实现审批全程网络化。

制定网上审批系统建设时间表。要根据建设投资项目行政审批改革的总体部署，科学分解网上审批系统建设任务到部门和个人，制定明确的建设时间表。

制定网上审批系统建设路线图。要通过政策梳理和部门调研，明确网上审批系统建设需要解决的重点协调问题和关键技术问题，制定清晰的网上审批系统建设路线图，确保新建网上审批系统能全面实现标准统一、信息共享、部门协同和一站式审批等功能。

以时间节点和建设任务为依据，加大考核和督导力度，确保网上审批系统如期建成。

行政审批改革是一个系统工程，不仅仅需要精简审批事项、优化审批流程等与审批直接相关的改革举措，还需要推进相关配套改革，促进改革的协同性，提升改革的整体成效。

2.5 健全审批监督管理长效机制

继续加强行政审批监督，健全审批监督管理长效机制。

进一步完善电子监察督办功能，增加预警功能，把不受理、不予受理、中途办结、不予许可、收费减免没有依据、审批部门1人办完多个审批环节等事项纳入电子监察系统预警范围。

进一步明确审批权责，加大外部监督力度。要全面深入梳理各部门的审批权力，明确权力清单，界定权责边界，并通过多种渠道进行公示，采取“有奖举报”“审批监督志愿者”等多种方式主动接受外部监督。

进一步减少前置审批，对前置条件予以相应的调整，推进建设投资项目并联审批和网上审批，减轻企业负担。利用建设投资项目在线审批监管平台，做到全透明、可核实，实现网上受理、办理、监管“一条龙”服务，让信息多跑路、群众少跑腿。

（执笔人：谢潇、王敏）

让监督插上科技的翅膀[①]

——麻阳县“互联网+监督”的实践

摘要：2015年10月，怀化市麻阳县探索建立了“互联网+监督”平台，该平台主要由民生监督平台、正风肃纪平台、扶贫监督平台、纪检业务平台4个子平台组成，集监督、执纪、问责、分析和决策于一体。治理基层腐败由被动受理到主动出击，由事后处置到事前预防，由单兵作战到人民群众广泛参与，由零散式处理到批量化处理，构建了“不能腐、不敢腐”的监督机制。同时，麻阳县引入新技术，对该平台整体完善升级，确保平台“全网通”“村村通”，开通了“风清苗乡”微信公众号。通过自上而下的政绩考核、自下而上的全方位监督、最严肃的问责追责，共同把信息采集公开推入良性轨道。县纪检监察机关通过大数据“碰撞”，“前台晒、后台比”发现反腐线索，用新思路、新方式、新手段防治基层腐败、信息不对称和民生资金缺乏监管等难题，公示国家扶贫政策、民生资金走向、扶贫对象情况及村务党务事务等信息，取得了阶段性成效，优化了公共治理方式，正在形成“阳光民生”的长效机制。

① 本案例获得第三届湖南省公共管理硕士案例大赛三等奖，主要内容收入《湖南省公共管理硕士案例大赛优秀案例集（2017）》，案例的行文角度与内容作了部分修改。

引　言

2009—2014 年，麻阳县谷达坡乡白羊村群众多次到市、县上访，实名举报村委会主任段某某挪用公款等违纪违法行为。2015 年 6 月，湖南省、怀化市、麻阳县三级纪委成立专案组对该案展开深入调查，中纪委挂名督办谷达坡乡“白羊村”案。最终，25 名涉案责任人受到纪律处分或组织处理。惨痛的教训引起麻阳县委、县政府的深刻反思，引以为戒，强化监督执纪问责，探索有力高效的监督体系。经过几年的努力，麻阳县“互联网+监督”平台应运而生。走进县行政办公大楼，一台台崭新的电子终端机映入眼帘。2016 年春天，麻阳县就用这个网络监督平台在各个乡镇和职能部门中炸响了一声声惊雷。

1. 事件背景

1.1　贪腐严重，亟须整治

麻阳县是国家武陵山片区扶贫攻坚试点县，全县贫困人口 8.64 万人，平均每年各项惠民资金投入总额达 17 亿元左右。部分基层干部难以抵抗诱惑，利用自身职权谋取私利。比如，既领农村低保又领城市低保、有车有房也领低保拿廉租房补贴、干部亲属甚至村干部本人领低保等现象。

2014 年麻阳县查处腐败案件为 28 起，2015 年为 33 起，同期上涨 17.8%。2014—2016 年，纪委查办案件中涉及民生领域的村干部 30 多个，占全县村干部的 2.3%。同时，信访量居高不下，重访缠访不断。

县委、县政府经过深刻反思，决意必须刻不容缓整改作风、严肃惩治，完善监督机制。

1.2 意识淡薄，小微腐败频发

近年来，基层干部“雁过拔毛”式贪腐案件频发，这一方面与部分党员、政府基层干部个人党纪、国法意识淡薄息息相关。受传统文化思想影响，官僚主义作风盛行，缺乏公共管理与公共服务的意识。当出现“雁过拔毛”式腐败时，当地基层管理人员可能处于“熟人”的角色，在地方保护主义的影响下，对腐败干部倾向于采取包庇、批评教育等措施而非严厉惩罚，这在一定程度上弱化了基层干部的法律意识和自我行为约束能力，不利于杜绝基层腐败行为。

另一方面，“苍蝇不叮无缝的蛋”，监管体制不健全，信息壁垒难以破除，让人有机可乘、有空可钻。基层惠民政策出自民政、财政、农业、水利、交通等多个部门，民生专项资金亦由多个部门负责。由于各部门间形成了相对封闭的运行系统，统一监管存在盲区。民生专项资金发放审核涉及县、乡镇、村多个层级，战线长、范围广、环节多，各层级以书面审查为主，容易出现监管缺位。在实际投放分配过程中存在很大弹性，其间若产生贪污挪用少部分资金的腐败行为不易察觉，无法全程监测民生资金的投放真实性，监管难度大且成本高。

因此，麻阳县委、县政府认识到，要想实现有力监管，必须堵上监管漏洞，比对各项民生信息，紧密整合政府部门职能，真正为民众考虑、为民众服务。

1.3 从严治党，主动出击

党的十八大以来，中共中央提出落实全面从严治党，强化纪检监察机关监督、执纪、问责，特别是对民生政策落实、民生资金项目的有效监督，实现推进从严治党向基层延伸，严肃查处发生在群众身边的腐败问题，为扶贫攻坚提供坚强的纪律保障。规范权力清单、正风肃纪、政务公开成为建设我国“阳光型政府”的新趋势，也是保障基层廉洁从政、农村社会和谐稳定的现实路径。总结以往受理群众举报违规违纪案例，被动受理案件已经难以满足现实需求。麻阳县委、县政府意识到，必须开发新思路、利用新途径、融入新技术，才能变“被动”为“主动”，实现对腐败行为的预警与惩治并行，构建全方位“不能腐”“不敢腐”的监督机制。新时期电子政务不再局限于单向公开政府信息，而应搭建与公众对话的多向互动平台，促进政府部门职能整合和体制改革，塑造让群众满意的政府形象。

2. 县委牵头，建章立制

2015 年 10 月，麻阳县委、县纪委为彻底整治腐败，运用大数据监督的理念，请来互联网技术团队，投入资金开发监督专门软件，探索用互联网和大数据来开展监督执纪。尝试找到把党内监督、群众监督、社会监督相结合的全面从严治党的途径，走出一条高效的基层民生资金监管新道路。2016 年 1 月 4 日，县委办公室印发《麻阳苗族自治县“互联网+监督”工作实施方案》，为运行该互联网平台作出前期总体规划。

2.1 绘制蓝图，明确任务

“互联网+监督”初期分成四个阶段，层层递进，环环相扣。县委、县纪委初步规划平台建设及运行的各个过程。

表 3.1 麻阳县“互联网+监督”平台建设实施步骤

工作时间段	工作内容
2016 年 1 月 20 日前	制订工作方案
2016 年 3 月 20 日前	建立工作制度
2016 年 5 月 30 日前	正式启动运行
2016 年 10 月 30 日前	总结提高，建立长效运行机制

第一阶段：制订工作方案（2016 年 1 月 20 日前完成）。明确设立“互联网+监督”工作的指导思想、工作目标、职责任务、机构设置、

工作步骤、组织领导等事宜。

第二阶段：建立工作制度（2016 年 3 月 20 日前完成）。全面启动监督组工作机制建设，制定完成基本制度以及其他相关配套制度，建立县、乡、村干部廉政信息台账。

第三阶段：正式启动运行（2016 年 5 月 30 日前完成）。建立“互联网+监督”网络管理系统；各乡镇各单位对本年度准备实施或正在实施的项目（资金）进行梳理，按照要求录入监管系统并上报备案；监督组完成对监督小组人员的培训；制定并发放村（居）务工作权力清单手册和宣传画，开展宣传工作；各监督组分头开展第一轮集中巡查等。

第四阶段：总结提高，建立长效运行机制（2016 年 10 月 30 日前完成）。针对前期工作发现的问题，总结工作经验，找出不足，继续完善相关工作制度和运行机制，为“互联网+监督”工作的长期、深入开展奠定基础。

2.2　三级联动，组织保障

县委常委会经过三次专题研究，出台了《关于成立麻阳苗族自治县“互联网+监督”工作领导小组的通知》，按照“县级管理、乡镇设置”的基本构架，组建了县、乡、村三级扁平监督机构。“三级联动”的扁平监督体系和互联网实战合成的指挥值班，旨在形成全天候、无缝隙的监督格局，实现纪检监察业务片区协作、异地交叉、上下协同、提级办案，打破“同体监督”的传统模式，使监督重点从常规领域向民生领域转变。理顺县（乡镇）纪检监察机关与乡镇（村、社区）民生监督组之间“领导与被领导”，乡镇（村、社区）民生监督组与乡镇党委和政府“监督与被监督”的两大关系，监督方式从内部监督为主向外部监督并重转变。“三级联动”具体内容为：

第一，县委“互联网+监督”工作领导小组。由县委书记任组长，县长、县委副书记、县纪委书记、县人民政府分管农村工作的副县长等干部为副组长。宣传部、财政局、扶贫办、农业局、审计局、住建局等12个单位主要领导担任小组成员。

第二，乡镇民生监督组。以各乡镇、铜矿管理处为单位在全县组建19个监督组。组长由县纪委监察局班子成员兼任，副组长由乡镇纪委书记、县纪委5个纪检监察室主任兼任，成员为乡镇纪委副书记、纪委委员、监察室主任等。

第三，设立村（社区）民生监督小组。每个乡镇监督组以村（社区）为单位分设若干监督小组，监督小组组长由乡镇纪委、纪检监察室同志兼任，人员由各村村务监督委员会成员组成，监督小组属本乡镇监督组直接领导。在《麻阳苗族自治县“互联网+监督”工作实施方案》中明确规定，各监督组要铁面执纪，将纪律和规矩挺在前面，积极参与，统筹安排，除民生监督和自身岗位工作外，不得再兼任其他工作，确保将主要精力放到“互联网+监督”工作上来。

同时，在经费投入上给予充分保障，县财政将“互联网+监督”平台软件系统的开发、安装与设备设施的购置等费用全额纳入政府采购，由财政专项列支。截至2016年6月，投入资金300多万元，按照每个民生监督组每年2万元、每个民生监督小组每年3000元的工作经费标准纳入财政年度预算，监督组财务由县纪委列入机关账户统一管理。

2.3 颁布政策，制度保障

以刚性的制度规定和严格的制度执行，将监督工作抓细、抓实、抓牢，不断促进“互联网+监督”工作规范化、常态化、长效化。基于麻阳县的实际，县政府先后公布了一系列政策文件，主要有《乡镇民生监督组管理考核办法》《民生监督组工作职责》《乡镇民生监督组监督检查办法》《民生项目（资金）备案办法》《民生项目监督暂行办法》，对民生项目申报、审批、施工建设、竣工验收、资金拨付进行全程监督。同时，将工作考核结果作为民生监督组成员职务晋升、表彰奖励、教育培训和批评辞退等事项的重要依据。这样，民生监督工作统一规范，有“法”可依，有章可循。

后续出台与“互联网+监督”相关的制度有：《关于运用监督执纪的四种形态处理“互联网+监督”网络平台问题信息的通知》《“互联网+监督”信息中心管理制度》《“互联网+监督”信息中心数据采集制度》《“互联网+监督”信息中心问题线索处置制度》《“互联网+监督”信息中心安全保密管理制度》等。各项制度相互协调，形成一整套政策体系。

2.4 宣传动员，社会参与

2016年5月，麻阳县委、县政府先后召开了“互联网+监督”工作动员会和多期培训会议。各单位确定信息录入员和信息审核员后，将名单上报信息中心备案，然后召开“互联网+监督”系统操作培训会。在“互联网+监督”系统操作培训会上，明确系统操作人员职责和操作管理制度，按权限分配管理账号，按操作手册进行现场操作演示实训，建好操作员沟通交流QQ群。

2016年4月30日，“风清苗乡”微信公众号开始运行，麻阳县“互联网+监督”平台有了新阵地。分别采取“进系统、进机关、进校园、进基层”四大举措，扩大“风清苗乡”微信公众号的群体范围。各单位综合运用新旧媒体，同步广泛宣传，召开会议，张贴标语，发布新闻，让人民群众充分了解此项工作的重要意义，并积极参与监督。当地新闻网站、电视台头条新闻滚动报道，用通俗易懂的方式向群众详细介绍如何使用“互联网+监督”平台。

3. 规划平台，推动成型

麻阳县计划建立“互联网+监督”平台，具体该如何构建、如何操作、如何运行，虽然在国内已有电子政务的先例可循，但只有真正适应麻阳县社会实际情况的政策举措，打通群众与政府职能部门之间的沟通渠道，才能根治当下贪污腐败的境况。于是，麻阳县委、县政府决定不畏阻难，以暴露出问题的领域为切入点，从现实需要出发，哪里需要公开就从哪里入手。通过近四个月的摸索实践，成功开发出了“互联网+监督”平台。

3.1 板块敲定

平台主要模块的设定经过多次调整，最终形成民生监督、扶贫监督、村务公开、税收执法及正风肃纪五大模块，每一项模块下再细分公开栏目。

（1）民生监督平台，将社会救助、良种补贴、阳光助残、住房危改、助学贷款和新型农业等 34 类民生项目、107 项民生资金、涉及 22 个相关部门政策文件分类逐项录入平台，实现民生“一项不漏”。民生资金可查询到全县民生资金的发放明细，根据不同的需求和习惯，科学设计了综合查询、按类别查询、按部门查询、按地区查询四种查询方式，群众可查看自己以及他人的民生资金发放明细。

（2）扶贫监督平台，作为重点建设板块，公示全县 106 个贫困村、2.4 万多户、8.31 万扶贫对象的家庭详细信息。通过后台 11 大基础数据库的分析比对，将不符合条件的扶贫对象精准地筛选出来，使扶贫资金与项目一分不落地能落实到田间地头，进入千万个贫困家庭，防止扶贫资金跑冒滴漏，以达到“真脱贫、脱真贫”的目的。同时，不但要把非真实贫困户清退出去，还要把未纳入的真实贫困户纳入进来，群众可以通过平台直接在贫困户信息系统里进行信息填报。

（3）村务公开平台，将 19 个乡镇的党务、政务、财务细分为多个子项目，按类别公开。党务公开包括党务知识、党员民主评议情况、党员表彰情况、党纪处分情况等。政务公开按政府职能类别明晰办事流程、办事结果，涵盖劳保、残联、农业、计生、综治等 18 个部门。财务公开主要涉及预算、决算和“三公”经费。按照区域地图进行分门别类的公开方式，使得每个乡镇各项事务一目了然。

（4）税收执法平台，包括税收执法信息、税收优惠政策落实、纳税服务评议和投诉处理，打造阳光国税和法治国税。输入社会信用代码或纳税人识别号，所有相关信息即刻检索，详细列表税种、征收品目、减免性质、减免金额、减免发生时间。如发现问题，栏目后的投诉窗口可直接向后台反映。

（5）正风肃纪平台，对投诉信息和处理结果进行公示，鼓励民众用手机“随手拍”功能进行投诉和举报。“快速投诉”栏目，收到投诉后，跟进处理过程，明确执行处理的政府部门和人员。“你呼我应”栏目开辟群众反映需求的途径，在7个工作日以内相关政府部门给予回复。

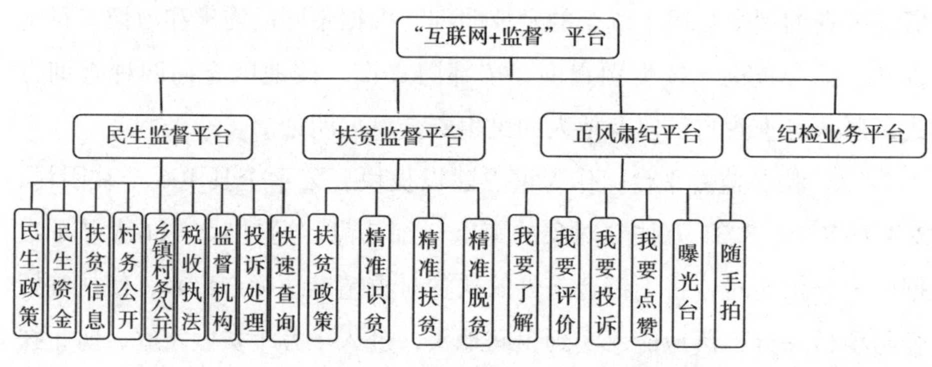

图3.1 麻阳县“互联网+监督”平台架构图

3.2 收集信息

2015年，由麻阳县委牵头，开始为“互联网+监督”平台采集基础信息，并从民生资金发放数据、扶贫信息数据着手开始录入工作。先后颁布《“互联网+监督”信息中心管理制度》《“互联网+监督”数据采集制度》等文件，保障采集信息顺利有序进行。按照人员身份、人员资产情况等进行分类，采集公职人员、村干部、买房人员、买车人员、去世人员、个体户、企业法人、门面业主和持证残疾人等信息，收录民生资金项目、资金金额、资金发放对象、发放时间等信息。其中，重点录入扶贫信息，包括扶贫户信息、易地搬迁信息、扶贫工作队信息、扶贫贷款信息。每一项数据采集任务分配到各部门，县委信息中心给定模板格式，各部门按照模板收集并录入数据。

3.3 比对信息

信息数据库日益充实，信息中心和监督小组迅速采取行动，逐一查找疑似问题线索，采取以下两种方式比对信息：

第一，前台晒，后台比。将公开性质的民生数据、扶贫信息设为前台数据库，将本县公职人员、个体户人员、机动车辆人员等不公开的内容设为后台基础数据库。发放的民生资金由相关部门拟数据，县委“互联网+监督”信息中心收到拟录入数据后，与后台基础数据库进行对比，有冲突性质的数据信息会自动生成疑问线索。同时，运用人工对比的方式，平台操作员将现有基础数据库的其中一项或多项信息与民生资金发放数据进行对比分析，冲突性质的信息为疑似问题线索，移交相关部门复核处理。

第二，人机结合，快查快报。“互联网+监督”平台开放了自助终端机、官方网页和微信公众号三方渠道进行查询，不仅能通过身份验证查到本人所享受的具体全部民生、扶贫项目信息，还能在自助平台上对全县其他群众和政府部门的民生、扶贫动态一目了然。如果群众在查询过程中发现有不符合条件的情况，可以直接点击“投诉”按钮，进入投诉页面，实名填写相关信息，通过手机获取验证码，完成投诉举报。正风肃纪平台直接与本县纪委、监察部门相对接，通过进行“有价值的举报赢话费、红包”检举活动、开设“随手拍”上传负面图片举报等途径，所有的投诉和信息将自动生成短信发到后台人员手机上，实现快查快报。

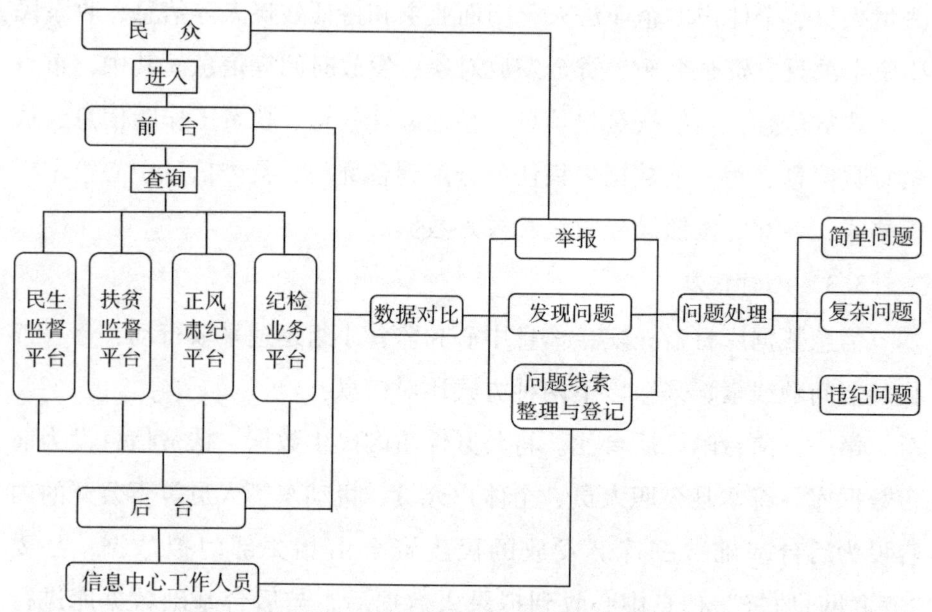

图 3.2 “互联网+监督”平台运行图

图 3.2 是监督平台的运行流程示意图。平台把机器的信息共享与群众的主动监督有机结合，实现全面监督、及时监督，便利了群众对本县民生项目、扶贫项目的信息获取和监督。

3.4 线索分流

建立互联网监督平台的出发点是发现和解决问题，高效处理问题线索，是实现“互联网+监督”平台运行效果的关键。2016 年 5 月，麻阳县发布《麻阳“互联网+监督”信息中心问题线索处置制度》，对如何分流线索、处置线索提供指导。

3.4.1 问题线索的收集

信息中心工作人员负责平台日常问题线索的整理、登记和归类工作，并在 2 个工作日内将问题线索呈报分管领导。

3.4.2　问题线索的处置

经分管领导审批后，对问题线索分类处置：对于事实清楚、较简单明了的一般问题线索，直接移交相关职能部门或民生监督组处理；对于较复杂、重大的问题线索，由信息中心以书面形式移交县纪委信访室，县纪委信访室按照信访件处置流程进行处理。

3.4.3　问题线索的办理（见图3.3）

对问题线索分几种情况办理：一般问题线索在5个工作日内予以办结，并将办理结果在平台上予以回复；对于案件较为复杂、牵涉人员较多、时间跨度较长的案件须在90日内作出处理，并在平台上予以回复；对于存在重大的违纪问题立案调查，按《中国共产党纪律检查机关案件检查工作条例》和《监察机关调查处理政纪案件办法》立案查处，办结后在平台上予以回复。

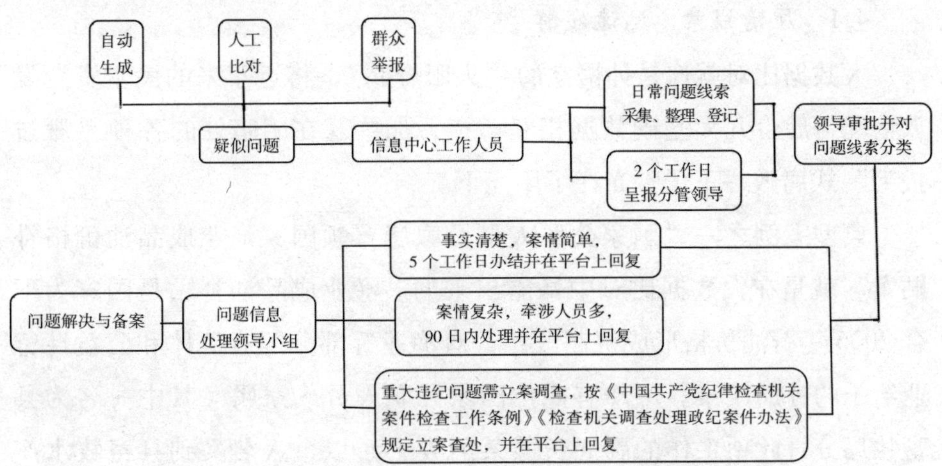

图3.3　"互联网+监督"平台问题线索采集、整理与处置图

3.4.4　问题线索处理结果的反馈

按"谁交办向谁回复"的原则进行反馈。由信息中心直接移交的，承办单位直接向信息中心书面回复；由信访室交办的，承办单位向信访室书面回复，再将情况反馈到信息中心。信息中心收到反馈情况后，及时将处理结果录入平台，对该案件办结、销号。麻阳县纪委推出了问题线索“销号”制度，把问题线索按类别交由相关职能部门，要求它们自查，查清一个就清退一个，处理好再到纪委销号。对于确实存在的干部腐败问题，上报纪委立案处理。每一件问题线索办理完毕后，须将办理相关资料进行整理归档，制作问题处理台账，以备待查。

4. 运行成果

2016年1月20日，麻阳县“互联网+监督”平台民生监督板块正式运行，随后其他四个板块逐渐完善并投入运行，越来越多的职能部门参与到平台中。监督平台完全打破了政府部门对民生项目、扶贫信息的垄断管理地位，充分满足了基层群众知情权的需求。

4.1　厘清线索，迅速发酵

大数据比对就像是孙悟空的“火眼金睛”，将近年来的民生资金发放情况与后台九大基础数据相互碰撞，那些躲在阴暗处的各种“雁过拔毛”式腐败一下子曝光在了阳光下。

典型案例之一“国家公职人员及家属冒领国家渔业成品油价格补贴案”就是在大数据比对中暴露出来的。渔业成品油补贴是国家为配合2006年石油价格形成机制改革，对渔业等部分困难群体和公益性行业给予的补助政策。可却有四位国家公职人员或家属（其中一名为县畜牧局分管此项工作的副局长滕某的妻子）以个人名义到县畜牧水产局渔政站违规领取补贴款。2016年4月27日，县纪委监察局对涉案人员进行立案调查，相关人员也将违规领取的补贴款上缴财政。经办此案的麻阳县纪委第一纪检监察室主任郑海滨说：“这个案例属于典型的‘雁过拔毛’式中的以权谋私。这种专项惠民资金涉及面不广，而违规领取人员表面上手续都很到位。如果不是大数据比对，是很难被发现的。"①

大数据比对暴露的问题案例还有很多。一个案例是村干部家属违规领低保。锦和镇岩口山村村支书田某未按正常程序，与其他村干部私下商议，将其弟及其父母作为低保户进行上报。从 2007 年起，其弟及其父母一直享受农村低保。尽管 2009 年 5 月 14 日，市民政局下发通知，要求现任村干部及其家庭享受农村低保一律清退。但田某没有开展清查工作，其父母的低保待遇也没有取消，县纪委常委会决定给予田某留党察看一年处分。另一个案例是村干部虚报冒领。锦和镇尚坪村村主任黄某妻子刘某自 2009 年开始代领村里机动地的耕地地力保护补贴，后经查实，这些钱并未及时入账。

截至 2016 年底，麻阳县"互联网+监督"平台发现问题线索 1.3 万多条，查处党员干部违纪违法案件 48 件，给予党纪、政纪处分 41 人；取消违规领取城乡低保 1051 户、2417 人，清退不符合条件的贫困人口 2741 人。民生监督类信访案件同比下降 43.9%，村干部违纪违规问题立案同比下降 25%。② 2015 年，麻阳县委书记履行党建工作责任民调综合排名由上年的怀化市第 9 名上升到第 1 名。麻阳县在全省社会综合治理民调中由上年第 114 名上升至第 34 名，进步了 80 名。2016 年，全县 18 个乡镇均于 4 月 30 日之前圆满完成了换届工作，没有一例群众上访。

县委换届考察民主评议，县委班子及班子成员优秀率均在 97%以上。随着数据更新，后台在 2017 年又发现新问题线索 6357 条，前台受

---

① 苗乡反腐有"神器"——记麻阳对科技手段治腐的探索 [EB/OL]. 怀化新闻网, 2016-05-24.

② "互联网+监督"助推正风肃纪——怀化全面推广麻阳做法 [N]. 湖南日报, 2016-12-14.

理投诉举报线索221条。

4.2 工作透明，干部认同

基层干部在充分了解平台运行机制后，逐步消除了对平台的抵触心理。很多职能部门的同志表示，有些民生款项，他们知道发放过程中可能会存在一些问题，但苦于职能部门之间信息不能共享，无从下手。现在有了监督平台的大数据比对，实现信息共享，想查什么都是事半功倍。比如，人情吃低保等，这些以前几天都查不清楚的事情，现在几分钟就可以搞定。

在扶贫项目资金方面，平台的分析比对功能对扶贫工作帮助很大，特别是在精准识别贫困户问题上，解决了人工采集不全、不准的问题。县人社局在大数据比对中，发现问题线索18起，主要涉及失地少地农民参保方面。他们借此机会进一步自查深挖，查出违规参保人员362人。

平台建成后，基层干部日常工作反而变轻松了，基层工作轻松透明，按规矩办事，再也不会被人情“绑架”。

4.3 群众获利，拍手称快

“互联网+监督”平台运行，大大增加了群众的获得感、幸福感和满意度，夯实了反腐败的群众基础，让群众真正有了知情权和监督权，倒逼着有分配权、审批权、管理权的党员干部不敢腐、不能腐、不想腐。

数据显示，2016年通过“互联网+监督”平台共清退不符合条件的贫困对象3300人，清退违规领取城乡低保1051户、2417人，清退不符合条件的失地少地农民养老保险对象311户，清退国家公职人员领取各类民生资金补助120人，为国家直接挽回经济损失3000多万元。同时，2016年还通过“互联网+监督”平台，受理并处理群众投诉举报161起，其中有17户群众通过向平台反映被纳入贫困户名单，有16户群众通过向平台反映被纳入低保对象名单，有 10 户群众通过向平台反映被纳入危房改造户名单。“互联网+监督”平台的运行保障了惠民资金用到实处，保障了人民利益。

4.4 全省推广，树立典型

麻阳县“互联网+监督”模式运行的成功经验，使得全国多家权威媒体宣传报道，深入挖掘典型经验，突出“互联网+监督”工作特色、亮点和实效。2017 年 3 月 7 日，时任中纪委书记王岐山同志参加十二届全国人大五次会议湖南代表团审议，全国人大代表、怀化市委书记彭国甫在会上讲述怀化利用“互联网+监督”整治扶贫领域侵害群众利益问题的做法和经验，王岐山同志充分肯定，评价为“让监督插上科技的翅膀”。2017 年 3 月 24 日，湖南省委、省政府印发《关于加快推进“互联网+监督”工作实施方案》，号召各级政府借鉴麻阳成功经验，全省推广“互联网+监督”平台建设。

结束语

本案例中麻阳县“互联网+监督”模式是我国基层政府管理和监督的一次重大创新。它利用当代大数据信息技术为支撑，打破了传统基层监管难题，整合政府部门职能，实现政府流程再造，形成新型的“人机结合”监管模式。机器为工作把关，科技为廉洁护航，将问题发现在初始、解决在萌芽。整个事件不仅体现出“以人民为核心”的工作理念，更折射出了电子政务在管理和服务过程中的策略选择，也使得我们思考电子政务对促进权力监督、廉政建设和政府流程再造等方面的作用，引发我们进一步探究以电子化管理促进政府服务创新的新路径。

思考题

1. 谈谈廉政建设中运用互联网和大数据为技术支撑，实现电子政务信息资源管理的优势。

2.“互联网+监督”平台如何实现政府流程再造?

3. 该案例中,“互联网+监督”平台有哪些可推广借鉴的经验?有哪些方面有待优化?

案例教学手册

1. 知识要点

1.1 电子政务

电子政务是指公共部门为了提高公共事务管理效能和公共服务水平,通过运用网络信息技术与开发信息资源、重组组织结构、创新公共管理模式、优化业务流程有机结合的方式,为公共事务管理和公共服务提供的新型管理模式与运行机制。电子政务是“电子”与“政务”的统一体,“电子”是载体、手段,“政务”是根本、核心。①

有学者认为,电子政务是一场深刻的公共管理革命,电子政务作为一场行政革命,是政府再造的同义语。电子政务不是一蹴而就的结果,而是渐进发展的动态过程,是一个持续不断建设、使用和维护相统一的动态过程,是一个运用技术手段调整政府组织结构、再造行政业务流程的不断探索、积累和发展的实践过程。

从西方国家电子政务的发展实践来看,西方国家把从根本上改善公共服务作为电子政务的核心价值,认为电子政务利用现代科学技术来改进公共服务方式和拓展服务内容,是以一种更加便捷、面向公众和颇具

① 蔡立辉. 电子政务(第2版)[M]. 北京:清华大学出版社,2016.

效益的方式提供公共服务。① 从我国电子政务发展阶段和应用水平来看，我国还处于电子政务发展的初级阶段，在全国范围内已涌现多样化的电子政务平台，如沂州"随手拍"、广州"电子政务云"、辽宁政务信息共享系统等，本案例就是典型实践之一。麻阳县"互联网+监督"平台把电子政务技术引入权力监督和正风肃纪之中，逐步扩大涉及的民生领域，包括扶贫、村务、税收等，真正实现了全方位、全天候的无缝隙监督。

1.2 "互联网+"

随着互联网技术的不断发展，"互联网+"时代也随之到来，互联网企业利用"互联网+"模式，创造新的经济增长点，不仅刺激了经济的增长，还便利了公众的生活，满足了人们日益增长的物质文化需要。"互联网+"一词在《国务院关于积极推进"互联网+"行动的指导意见》中是指在互联网背景下，社会各阶层、各行业、各领域实现经济、文化、管理、技术融合，以达到改革和效率提升为目的，不断创新公共管理模式，激活传统行业，推动经济发展。

"互联网+"也逐渐辐射到公共管理领域，从中央到地方、各部门都在努力推进"互联网+政务"服务，这将为整个行政机关的管理模式带来翻天覆地的变化。公众更快地获得政务信息，便捷地办理行政手续；行政机关提高办事效率，节约成本；政府部门与群众之间关系逐渐改善，干群之间冲突减少，政府部门更加贴近群众，倾听公众的心声，接受群众监督。本案例中，"互联网+监督"以信息资源共建共享为基础，推进日常纪检监督管理和办案智慧化为目标的创新型纪检监察工作新模式，是"互联网+"与权力监督的融合，为反腐倡廉开辟新途径，

① 道格拉斯·霍姆斯．电子政务［M］．詹俊峰，等，译．北京：机械工业出版社，2003.

精准发现腐败行为，及时预警问题信息。

1.3 政府信息资源管理

政府信息资源包括政务信息内容资源以及与信息采集、处理、存储、分级分类、交换共享和开发利用活动相关的信息人员、信息设施、信息技术、信息资金、信息管理体制。现代电子政务信息资源管理是以电子信息技术为手段，对政务信息进行采集、加工、存储、交换共享、开发利用和服务，对信息活动各要素进行规划、预算、组织、协调、指导、培训和控制，以实现政务信息资源的合理配置，有效满足公共部门自身和社会信息需求的过程。

信息资源管理从各部门、各行业各自为政，到跨部门、跨业务、跨应用系统集成整合，再进一步发展到以数据中心的形式实现数据存储与共享，实现以集中、整体和无缝的方式进行公共管理和提供公共服务转变。在本案例中，传统管理体制下惠民政策政出多门、民生资金管理混乱等现象暴露出种种弊端，而运用“互联网+监督”平台整合信息资源，妥善管理政府信息资源，极大程度上提升了管理效率，为智能监督、精准办案提供支撑。

1.4 政府流程再造

政府流程再造是企业流程再造移植和引入公共管理改革的结果，由此形成了政府流程再造与公共管理改革之间、与电子政务之间的内在联系。政府流程可划分为三类：一是面向公众的流程，主要是为公众提供产品或服务的流程；二是支持流程，为政府内部提供产品、服务和信息的流程；三是管理流程，促使面向公众的流程和支持流程有效配合以符合公众和用户的期望和需要，是政府部门加工输入并转化为输出的流程。①

作为一种管理革命，打破原有的权力格局和利益关系，政府流程再造必定会遇到来自各方面的阻力，特别是来自公共部门自身的阻力。因此，政府流程再造必然会打破条块分割的传统体制，真正从整体、系统的观念出发，使公共部门成为全社会整体利益和根本利益的集中代表。

在本案例中，由麻阳县委、县政府牵头，着眼于破除传统的管理体制和方式，把权力运行公之于众，结合电子政务技术，整合政府部门职能，是政府流程再造的实践体现。在面对内部改革阻力时，使用软硬兼施的策略，既能加强政策宣传和思想动员，又能严惩典型、树立威信。

2. 案例分析要点

2.1　在廉政建设中运用电子政务信息资源管理的优势

在本案例中，“互联网+监督”平台的应用价值在于提高管理效能和服务质量，规范公共管理行为，整合政府信息资源，实现网上监督，保障公众的知情权、话语权、投诉权等民主权利。扩展到整个电子政务实践中，其优势主要表现在：

——畅通信息交流，提高决策民主化、科学化水平。政府信息资源的公开是民主政治的基础，是廉政建设的重要保障。运用信息技术构建一个全面电子化的平台，使得政府部门之间、政府与社会之间通过电子化渠道进行相互沟通，有利于打破政府部门之间的界限，畅通政府与公民之间信息的沟通，加强政府与公众的联系，使得政府决策体现民意。

——推动职能转变，优化公共服务质量。电子政务平台使政府的服务由被动服务变为主动服务，简化办事程序，提高行政效率，降低政府

① 蔡立辉．电子政务：信息时代的政府再造［M］．北京：中国社会科学出版社，2006.

运行成本。通过政府业务处理流程的优化和重组，促进政府的廉政、勤政建设。电子政务的实施使得政府部门可以通过网络，及时准确地向社会发布政府的政策导向服务、信息咨询服务、管理服务等信息，为企业和公众及时了解政府的各种公共服务信息提供有利条件。

——实现实时监督，增强权力运行透明度。当前，我国的权力监督比较单一，事前、事中监督较为欠缺，难以防患于未然。电子政务的实施，有利于对政府行政行为进行实时监督、及时发现问题。电子政务的实施使得政府政务处理的依据、时间、过程和结果都是公开透明的，权力运行处在公众的监督制约之下，对廉洁、透明政府的构建具有重要意义。政务的网络公开不仅提高了政府的透明度，也为纪检监察部门加大对政府的监督力度提供了有效手段。

2.2 “互联网+监督”平台实现政府流程再造的具体内容

“互联网+监督”平台在设计、运行、反馈等多个过程中都体现了政府流程再造的原则，最大限度上促进政府管理创新。监督平台实现政府流程再造的具体内容有：

——以公众为中心、以服务为导向，彻底改变传统政府以“自我为中心”的管理理念与方式。流程设计以方便公众获取服务为出发点，站在公众的立场上来审视和设计各种业务流程，优化政府业务流程和组织结构。每个流程的工作质量由公众作出评价，使再造后的业务流程体现政府是一个具有公共服务精神、能给予公众更多选择并聆听其意见的政府。

——以流程为中心，彻底改变传统的以“职能”为中心的做法。传统的以职能为中心把业务流程人为分割，使业务流程消失在承担不同职能的部门和人员之中，导致多头指挥，缺乏整体观念和有效整合。而监督平台以流程为中心，强调惠民资金相关各部门之间业务、信息、服务的虚拟整合和网络化协同办公，实现资源共享和政府组织结构的网络化。

——优化行政组织结构，组成跨功能性的工作团队。行政组织的结构模式和组织形式的创新与再造，是行政组织的彻底创新。在实行电子化管理过程中，网络信息技术运用技术手段打破传统层级提供信息和书面审核的工作方式，打破时空距离的障碍，专项领导小组是扁平化组织结构的创新转变。

——合理界定事权，重组社会资源。信息资源管理与应用的服务重组了物质资源、人力资源、技术资源、社会资源等；结合深化行政体制改革，明确政府职能定位、合理划分事权；着重公开政务信息，提供更高效、便捷、友好的社区公共服务，发挥基层自我管理、自我服务的功能。

2.3 “互联网+监督”平台经验启示及提升建议

2.3.1 麻阳县“互联网+监督”平台监督执纪可推广的经验

2.3.1.1 建设规划先行，宏观领导把控

“互联网+监督”工作原理并不复杂，概括起来就是通过前台公开公示，后台分析比对达到正风反腐的目的。麻阳县能先行一步，得益于县委、县政府的宏观把控意识，敢于得罪一部分既得利益者，敢于还权于民，把县委、县政府的工作和党员干部置身于人民监督之下。

麻阳县先后颁布一系列政策，把设计监督平台的具体工作交给专业公司，县委、县政府的任务是构架清晰、可操作性的电子政务规划，并准备必要的组织、资金保障，成立专项领导小组，加强对监督平台的宣传，制定评价标准。

2.3.1.2 收集可靠数据，加强信息保密

“互联网+监督”靠的是一张身份证，通过身份证与各类民生资金的发放、各类民生对象的评定以及财产信息、党员干部信息进行绑定分析。因此，数据的真实性非常重要，不真实的采集不仅会大大降低平台

的威力，更会使平台失去公信力，失去群众基础。麻阳县在保证数据采集更加准确方面做到了以下几点：一是将一把手的主体责任、纪检干部的监督责任和信息采集人员的直接责任捆绑起来，对上交的表格必须一同签字认可，出现问题一起问责追责；二是对各单位、个人上报的信息数据高密度、高频率进行随机抽查核实倒逼工作压力；三是对不如实上报个人信息的党员和干部按照违背组织纪律进行处分。

同时，信息保密也是平台建设的一大难题。如果平台存在管理漏洞，不法黑客和商业组织可能贩卖个人数据信息，严重扰乱网络信息安全秩序，危害民众生命财产安全，威胁个人隐私权利。为应对这一问题，麻阳县制定了《“互联网+监督”数据采集内容规范与安全要求》，分别从数据中心安全、网络安全、数据传输安全、公示数据与保密数据物理隔离、应用软件安全、大数据安全和管理安全等方面规范平台数据运作程序。既实现了入库人员基本信息保密，又提升了公众对平台和基层政府的信任程度。

2.3.1.3 以人为本理念，引导群众参与

互联网是高科技平台，它的使用是普及千家万户的信息技术手段，为人人参与“随手拍”等监督提供了方便快捷的平台，群众的监督主体地位得到保障，监督的积极性空前高涨，既维护了群众合法权益、促进了社会公平正义，又促进了党风政风好转，带动了社风民风淳化，营造了山清水秀的政治生态，增进了党群干群鱼水深情。群众是“互联网+监督”平台的主角，没有群众的参与，监督平台就会失去灵魂与活力。“互联网+监督”工作时刻不忘引导群众积极参与，按照“更管用、更好用、更实用”的原则，按照更加方便群众查询、办事、监督、举报的要求开发设计平台。引导广大人民群众共同汇聚成万千反腐力量，坚决打赢反腐败这场没有硝烟的战争。

2.3.2 优化麻阳县“互联网+监督”平台的建议

麻阳县“互联网+监督”工作仍然任重道远。

2.3.2.1 政策与制度的权威性不高

已发布的政策文件多为指导规范性，缺乏强制性，各项制度还需再细化，以法律保障长效机制运行。当下显露出电子政务立法滞后缺陷，无论是管理层面的电子政务机构设置、编制安排，还是技术层面的电子文件管理、网上信息公开的操作性标准、信息共享的标准、电子证书法律效力等，都缺乏明确的法律层面的界定，一定程度上阻碍电子政务的建设和发展。

2.3.2.2 动员社会力量不足

互联网平台运作和维护需要投入大量人力、物力和财力，平台建设初期为克服市场失灵的弊端，全权由政府来主导、政府来运作、政府来反馈。但进入中后期，平台仍需要继续完善。因此，在符合法律规定的范围内，可以适当引入市场化力量，允许社会资金、志愿服务等加入，这既可以缓解政府管理的压力，也可以激发多元治理的潜力。

（执笔人：汤慧莹、王敏、周晨、漆依林、姚雯茜）

长沙市政府购买残障服务的差异化模式[①]

摘要：长沙市政府购买残障服务中采用了差异化的创新型服务模式，以应对当下残障服务契约化、政府购买专业化，破解政府购买残障服务的难题。所谓差异化模式是政府根据提供残障服务的对象不同，其残障程度不同，以购买就业服务和供养服务为抓手，通过创建就业项目基地、创业孵化基地和怡智家园三项举措，以政府招标、购买服务、公开评审、监督审议贯穿具体运作过程，搭建了一个适应现代残障需求和公共服务供给的主体平台。这一实践赢得了社会的高度认可，使得残疾人就业满意度不断提高，供养服务需求得以基本满足。但在购买就业服务和供养服务的实践过程中也呈现出政府购买反应滞后、服务覆盖面过窄、模式推广有限、购买制度有待规范等方面的问题和困扰。

引　言

残疾人社会保障服务是我国面临的复杂社会问题，完善残疾人社会保障机制，妥善解决其个体需求和自身价值实现，已经成为维持社会和

① 本案例获得第一届湖南省 MPA 优秀案例三等奖，主要内容收入《湖南省公共管理硕士案例大赛优秀案例集（2015）》，案例的行文角度与内容作了修改。

谐、社会进步所面临的新挑战。残疾人能做什么？他们想做什么？如果他们还有梦想，我们能帮他们做什么？这些问题不仅考验政府执政的能力和智慧，也考问着整个社会的责任和正义。长沙市残联直面政府购买残障服务的困扰，以服务为基础、以需求为导向、以供养为保障、以就业谋发展，用政府购买残障服务差异化模式的创新实践，给出了自己的答案。

1. 长沙市差异化购买残障服务的背景

政府购买公共服务，本质上是一种财政性资金的转移支付方式，即政府通过各种模式建立契约关系，由非营利组织或者营利组织等其他主体来提供公共服务，完成某些特定的公共服务目标，政府予以相应的资金支持与资源监管，而不是自己使用财政资金运作完成的模式。简而言之，即政府与社会组织签订合同，使用财政资金，由社会组织承包服务，实现特定的公共服务目标的机制。它的核心意义是公共服务提供的契约化，政府与社会组织之间构成平等、独立的契约双方。① 而关于政府购买公共服务的范围及提供方式，首先要从明确公共产品的分类入手。一些学者将公共产品分为两大类：一类是核心公共产品，如国防、外交、国家机关管理等，只能由政府提供和生产；另一类是混合公共产品，如基础设施、市政公用设施、交通公共服务事业等，私人部门与非政府组织也可以参与提供。可以通过政府采购方式购买的残障公共服务，属于混合公共物品。本案例将从购买公共服务理论视角，探讨长沙市差异化购买残障服务模式创新实践的相关内容。

1.1　残障服务契约化

随着社会经济的发展、社会文明程度的提高，残疾人作为社会困难

① 贾西津：公共服务购买——政府与社会组织的伙伴关系［EB/OL］. 慧灵智障人士中心网站，2008-08-13.

群体，其服务的提供和完善作为一项重大的民生问题越来越得到党和政府的重视。在我国残障公共服务发展的初期阶段，国家通过其行政体系对残疾人士进行收养和救济，或通过残疾人集中就业的福利性“单位”，为其提供各种公共服务。随着以市场化为导向的经济体制改革，以及与之相适应的政府职能转变，很多公共服务职能从政府职能中转出。同时，由于残疾人生活水平和社会地位的不断提高，残障公共服务需求日趋多样化和精细化。因此，政府通过采用契约化的形式，向非营利组织、企业或其他社会组织购买残障公共服务，是关乎残疾人群体生存生活状况的民生工程、德政工程，也是新形势下政治体制改革的客观要求，更是实现伟大中国梦的必然路径。

1.2 残障服务专业化

近年来，随着社会不断发展和进步，人民群众需求不断提高，公共服务作为政府职能的重要方面，日益成为判断和衡量政府社会保障体系完善程度和执政水平的关键，而残障公共服务作为对社会最困难群体的保障，更是重中之重。因此，如何更好地提供残障公共服务，舒缓残障公共服务需求压力，成为政府提升综合执政能力的重要部分。与此同时，一方面，当前残障公共服务涉及残疾人康复医疗服务、残疾人社会保障服务、残疾人就业服务、残疾人教育培训服务、残疾人供养服务及其他专业服务等众多方面，呈现多样化、精细化的发展趋势，对政府提供残障公共服务提出了更高的标准和要求，客观上放大了政府购买专业化困境；另一方面，非营利组织因自身的专业优势和非营利性、公共性，具有推动残障公共服务发展的特殊优势，却囿于相关机制体制问题无法发挥出最大优势。在此情况下，政府采购非营利组织所提供的残障公共服务，充分释放非营利组织优势，解决现有政府购买残障服务日趋专业化困境的现实路径，是提供公共服务的新理念、新机制和新方法，也是一种共赢模式。

2. 政府购买残障服务差异化模式的发展概况

2.1 残障服务辐射人群

长沙市辖芙蓉、天心、岳麓、开福、雨花、望城6个区，1个长沙县和宁乡、浏阳2个县级市。依据《长沙市2019年国民经济和社会发展统计公报》，截至2019年末，常住总人口839.45万。根据第二次全国残疾人抽样调查结果，长沙市共有31万残疾人，占全市总人口的4.91%，分布近五分之一的家庭，关联近百万人。其中，视力残疾4.61万人，占14.86%；听力残疾7.49万人，占24.16%；言语残疾0.48万人，占1.53%；肢体残疾9.02万人，占29.07%；智力残疾2.05万人，占6.6%；精神残疾2.3万人，占7.4%；多重残疾5.06万人，占16.3%。

2.2 针对残障人员不同需求的残障服务模式选择

根据党的十八届三中全会精神和《国务院办公厅关于政府向社会力量购买服务的指导意见》精神，公共服务必须根据需求做到层次清晰，层层深入。就长沙市来说，针对残障人员的不同需求有以下差异化的公共服务：一是对于生活不能自理的重度残障人员，提供供养服务，保障他们的基本生活；二是对于生活可以自理，具备一定劳动能力的残障人员，提供就业项目基地的相关服务，鼓励他们自食其力；三是对于掌握一技之长，有能力有梦想的残障人员，提供创业孵化基地的相关服务。以上服务可以归纳为两大重点内容：一是尝试购买残疾人创业孵化基地管理与服务、心理咨询、残疾人就业用人单位延伸服务等就业服务；二是对所购买的供养服务，细化并量化各项服务内容，全方位跟踪并指导所购服务的实施。

综上，一方面，坚持以公共服务资源为基础，以市场需求为导向，努力搭建适应现代残障需求精细化、政府购买专业化发展趋势的主体平台；另一方面，加大对残障就业服务和供养服务的购买，以就业谋发展，以供养为保障，逐步形成极具实践价值的政府残障服务购买模式，即本案例所提出的差异化购买服务模式。

2.3 残障服务模式路径选择

2.3.1 残障就业发展路径

2.3.1.1 分散型就业平台

近年来，长沙市全面开展按比例安排残疾人就业工作，实现按比例安排就业新增5165人。在全市全面消除零就业家庭工程中，对残疾人实施重点倾斜，通过购买交通协管员、城管协管员、社区残联联络员等公益性岗位，安置残疾人和残疾人家属1523人。与此同时，各级人民政府努力为残疾人创造就业条件，在城市环境卫生、公共停车场、报刊信息（公用电话）亭、收费公厕等服务行业的公益性岗位中，安排不低于10%的岗位供残疾人就业。

2.3.1.2 集中型就业平台

主要指的是残疾人就业基地，通常情况下，该基地的残疾人都达到了一定比例。通过建立残疾人就业基地，开发和购买社区公益性岗位，扶持民营企业、福利企业加大安置力度，以集中安置残疾人就业和辐射带动残疾人（户）从业。建设集中型就业平台突出体现了政府购买公共服务的特征，这方面的典型案例就是政府向湖南安邦制药有限公司的购买服务。

湖南安邦制药有限公司（以下简称安邦制药）创建于1994年9月，2010年被天宜投资全资收购，目前已发展成为一家集科研、生产、销售于一体的药品生产企业、国家级优秀研发企业和重点高新技术企业。随着新管理层对残障者用工的积极探索和尝试，通过不断扩大残障员工的就业范畴，研究残障员工用工规律，突破残障员工人力资源管理空白，已形成较为融合的残障用工环境。

2.3.2　残障供养发展路径

重度肢体残疾、智力残疾、精神残疾人因自身特殊的生理条件，在家庭照料方面存在很大的实际困难，成为残疾人群体中最需要社会关心的群体之一。为重点解决这部分残疾人的供养问题，长沙市积极摸索出了一条机构托养模式、会所服务模式和社区托养模式并重的购买残疾人供养服务的新路子。机构托养模式以怡智家园为代表。

近几年来，长沙市先后成立了天心区怡智家园和雨花区怡智家园，进一步完善托养服务机构建设，不断满足中、轻度智力、精神残疾人和重度肢残人的托养服务需求。

3. 长沙市政府购买残障服务差异化模式的分析

3.1　购买残障服务差异化模式的主体分析

3.1.1　残障服务的供给者与购买动机

本案例中的公共服务供给方是长沙市残疾人联合协会（以下简称长沙市残联），它是一个将残疾人自身代表组织、社会福利团体和事业管理机构融为一体的残疾人事业团体，具有“代表、服务、管理”职能：即代表残疾人共同利益，维护残疾人合法权益；开展各项业务和活动，直接为残疾人服务；承担政府委托的部分行政职能，发展和管理残疾人事业。长沙市残联的资金来源是政府的财政预算拨款、残疾人就业保证金、社会募捐、社会捐赠以及中国福利彩票筹集的社会福利基金本级留成部分中一定比例的资金。残联虽然是一个事业团体，但组织领导和部分工作人员由政府官员任职或兼职，承接政府为残疾人提供服务的行政职能，本案例中它被视为残障公共服务的供给者。

政府购买残障公共服务的具体原因如下：第一，残联工作人员少，残联工作人员能做的事情有限。第二，残障公共服务的专业性强。作为一个管理机构，许多具体的残障公共服务，不可能由残联来完成。如复明，需要依托给专业机构，培训也需要专业的人员与机构，如盲人识字与盲人电脑。第三，财政不甚丰裕。前两个因素决定了残联自身无法进行这类服务，财政上的资金不足则决定了长沙市残联无力建立和维持这样的专业机构。

3.1.2 残障服务的供给者及其特征分析

本案例中残障公共服务的供给者主要是残疾人就业基地、残疾人托养服务机构。从营利的角度来看，这些机构大抵可以归为两类。一类是以社会服务为主的非营利机构，比如以机构托养为内容的长沙市天心怡智家园和雨花区怡智家园，它们具有非营利组织的典型特征。而天心怡智家园的管理方湖南爱弥尔智障人士服务机构则是一家有着较长历史的"民间组织"。据悉，爱弥尔所启动的怡智家园，是湖南省第一个政府购买服务的示范性项目。另一类是具有一定的营利性、市场化程度比较高的组织，比如残疾人就业基地——湖南安邦制药有限公司。

3.2 购买残障服务差异化模式内容分析

为了详细、具体地将长沙市购买残障服务的情况说清楚，本案例选择了长沙市两项具有代表性的购买服务内容：第一，湖南安邦制药有限公司为残疾人提供就业服务。第二，长沙市怡智家园为智障人士提供托养服务。残联为残疾人提供的托养服务范围比较广，本案例的考察集中关注智障人士，原因就在于长沙市在这方面进行的尝试具有独特性。

4. 购买残障服务差异化模式机制分析

4.1 购买就业服务的具体运作过程

4.1.1 就业项目基地

长沙市政府重点扶持有一定实力、企业法人素质较高、有适宜安置残疾人就业或带动残疾人脱贫的项目、有完善的产供销网络的企业。关于残疾人就业基地的建设标准，市残联也作出了明确的规定，主要有产值利润指标、安置残疾人数、企业生产规模等。符合以上标准的企业，才能申报残疾人就业基地。具体补贴办法是，对于达到以上建设标准的残疾人扶贫基地，由市残联给予下列补贴：（1）当年新建立的扶贫基地，根据新建扶贫基地扶持残疾人的总人数和扶持效果，按照安置就业残疾人（已在基地就业半年以上，下同）每人500—1000元、联动的残疾人农户（已联动帮扶半年以上，下同）每户500—1500元的标准给予补贴，补贴金额原则上不超过30万元。（2）已建立的原有扶贫基地，根据扶贫基地扶持残疾人的总人数和扶持效果，按照安置就业残疾人每人500—1000元、联动的残疾人农户每户500—1000元的标准，每年给予每个扶贫基地扶持补贴，补贴金额原则上不超过20万元。对基地的监管方面，市残联规定了如下监管制度：（1）基地接受残联的指导和检查，由企业自主经营、管理，残联不提供任何担保，不承担经济、民事等法律责任。（2）对残疾人就业、扶贫基地，坚持每年审验一次，合格的继续保留，不合格的摘牌处理，并酌情收回扶持资金。

4.1.2 创业孵化基地

创立残疾人创业孵化基地，完成孵化基地硬件、软件建设：成立管理委员会、运营中心、专家团队等，分别承担计划制订、服务实施和咨询指导等工作；制定创业孵化基地管理办法和人员行为规章，明确联席会议工作机制和创业项目孵化流程；系统改造原有场地，设管理办公室、孵化室、会议室若干，集中配备基础设备，为入驻企业提供基本保障。

举办创业项目评审会，组织省内知名教授、企业家、高级职业指导师成立评审团，经初审合格的申报项目，获批入驻残疾人创业孵化基地。

督导创业孵化基地管理方——长沙市培源社工服务中心，为创业团队提供专家指点、资源对接、能力培训等创业服务，成功帮助入驻企业实现了稳步发展。目前，创业孵化基地中6家入驻企业的客户资源月营业额稳定在万元以上，发展趋于稳定；2家入驻企业在扩张规模的同时，新增了残疾人员工，发挥了创业带动就业的作用。

4.2 购买供养服务的具体运作过程

4.2.1 创建天心区怡智家园

“十一五”期间（2008年12月），长沙市积极推广“天心怡智家园”服务模式。天心区怡智家园是由天心区残联创办，湖南爱弥尔智障人士服务机构经营管理，专门为成年智障人士及其家庭服务的非营利机构（NPO），主要是运用社会工作和社区康复的专业价值、理念及方法，为智障人士及其家庭提供就业支持、家居技能、康乐活动、社区外展等支持性服务。它以智障人士及家庭为基本服务单位，依托家庭（家属）和社区，有效运用政府购买服务资源，积极鼓励社区和社会人士广泛参与，健全智障人士社会支持和服务体系。长沙市天心区将怡智家园服务辐射到社区，提升社区智障人士服务的专业化水平和服务效果。其直接服务目标是为天心区辖区内40—60个家庭提供社会工作及社区康复服务，支持10—15个家庭实现庇护性就业，完成1—3个学员实现支持性公开就业，切实改善成年智障人士及其家庭生活质量。

天心区怡智家园是在省、市残联的大力支持和区委、区政府的领导下由区残联创办的。它按照长沙市开展残疾人工作托养服务的要求，经请示政府同意，获得财政支持——前期投入经费20余万元，运作过程当中的场地租赁、水电费用均由区政府承担，此外，它每年能够资助托养10人，每人每月由政府支付600元托养费，是典型的“公办民营”运作模式，也是湖南省第一个政府购买民间组织公共服务的示范性项目和工程。通过其运作，探索了残疾人社会工作理念指导，机构社工与社区社工结合、家庭及社区广泛参与的成年智障人士社区服务模式。

4.2.2 创建雨花区怡智家园

雨花区怡智家园创办于2009年，它是一家以“民办公助”模式运行的针对智障人士的非营利性托养服务机构，着重于培养残疾儿童的生活自理能力和社会适应能力，注重残疾儿童日常行为矫正和规范养成，有针对性地培养残疾儿童的就业能力，为残疾儿童提供学习、康复、职业教育及托（供）养一体化服务。“雨花怡智家园”摸索出的由政府主导、社会参与、私办公助、合作互补的“民办公助”合作模式，整合了社会资源，最大限度地减轻了家庭和社会负担，是雨花区对智障培训教育就业探索的新型模式。

目前，雨花怡智家园的经营场地是500多平方米，共有老师50名，学员90多名。前期投入为：市委、市政府给雨花怡智家园划拨了10万元发展建设资金，区委、区政府支持了6万元扶持资金，用于装修和残障设施建设的补贴。市委、市政府和区委、区政府还分别对雨花怡智家园及学员给予了1万元现金和1万元物资慰问。后期投入为：市委、市政府按照每人每月300元对学员予以后续补贴，该补贴经费从市残疾人就业保障金中列支。区委、区政府也相应地每月给予每位学员300元的配套补贴。

所有经费的支出需经财政允许，该经费要做到统筹安排、合理运用，严禁挪作他用，并接受市残联的指导和不定期的抽查。每年经市残联验收、年审，一经发现弄虚作假或不符合要求，将给予批评、责令改正直至摘牌、收回扶持基金。同时，怡智家园也会在开班初期对学员进行能力评估，根据能力层次予以分班，再以3—6月为一期，每期20—25个学员，之后作第二次评估，依评估结果确定康复成功率，再决定学员是继续学习，还是进入工疗站或进入庇护性工厂。

5. 购买残障服务差异化模式成效分析

政府向社会组织购买公共服务，以期提高执政能力，适应公共服务市场化，构建服务型政府。政府购买民间组织服务“既为民间组织开辟了稳定的经济来源和发挥作用的空间，促进了民间组织的健康成长，同时减轻了政府负担的社会风险，促进了政府职能转变和行政体制改革，提高了公共服务的质量和水平，改善了城市治理结构，有利于社会和谐”。[①] 在本案例中，实践政府购买残障服务差异化模式的服务成效，主要体现在残疾人就业满意度是否提高以及残障服务需求是否得以满足两个方面。

5.1　就业满意度不断提高

天心区和雨花区怡智家园两大就业平台的构建取得了显著成效，得到了各方面的肯定。近年来，长沙市为残疾人提供就业岗位 2000 多个，按比例安排就业的残疾人新增 2640 人。通过政府出资购买公益性岗位，安置了残疾人和残疾人家属 1523 人，并建立了 12 个残疾人就业基地，以“公司+基地+残疾人”模式辐射带动 1000 多名残疾人就业。

一是搭建同工同酬用工评估体系。在平等、尊重、同工同酬的原则下，以工作绩效论英雄，鼓励残障员工敢于尝试、挑战能够胜任的工作岗位并坚持自己的主张。严格的质量标准不仅是对消费者负责，也是对残疾员工人格的尊重，因此，坚持同工同酬，工作的评价标准也不会因为残疾岗位而降低或予以照顾。随着残障员工的职业参与度和岗位责任心不断提高，他们的工作积极性和职业满意度也得到不同程度的提升。

二是建立人性化管理制度。企业根据残障员工需求，在某些管理指标目标上适度放宽限制条件，比如，车间残障员工请事假的天数可以比

---

① 曾永和．倡导政社互动合作推进政府购买服务［N］．中国社会报，2007，11（21）：5.

非残障员工多，残障员工有全勤奖而非残障员工没有此项激励政策。此外，为残障员工的管理和培训人员提供专业知识、人际关系、团队管理、领导艺术等培训。

三是加强岗位发展规划。在湖南安邦制药有限公司，残障员工的岗位发展路径主要有三条：一是生产操作序列，这些岗位主要针对那些文化程度低、工作技能单一的轻体力手工活残障者，当中优秀的员工会被提升到车间班组长等基层管理岗位。二是专业技术序列，这些岗位主要针对有一定学历的大中专院校的毕业生，可以从实习起在公司的文员岗位工作，熟悉工作后，根据专业定岗为质量检验员、人事文员、车间统计员、销售内勤等专业技术及基层管理人员。三是管理序列，无论是生产操作序列还是专业技术序列，他们在获得一定的工作经验后，当中的优秀者会被提升到主管、部长岗位从事管理工作。目前，湖南安邦制药有限公司承担管理职责的残障员工占比达10%左右，其中，最高职位是部门负责人。

5.2 供养需求基本满足

雨花区怡智家园以培养残疾儿童的生活能力和社会适应能力为重点，在残疾儿童日常行为矫正和规范养成、就业能力上着手，走出了一条学习、康复、职业教育及托（供）养于一体的道路，共培训了300多名残障儿童，其中100多名患儿进入了普通学校就读，200多名有明显好转。怡智家园自身也得到迅速发展，目前已经拥有50名老师和90多名学员。

6. 政府购买残障服务差异化模式的问题分析

政府购买残障服务具有公益性色彩，但社会组织却不能完全失去其营利性，这必然会导致一系列问题的出现。“既得利益阻碍是造成政府购买公共服务动力不足的根源问题之一，政府采购公共服务的一段时期内存在探索成本，公共服务需要更加完善的监督和质量保障”。① 因此，本案例从购买主体、购买内容、购买模式和购买制度四个方面探析政府购买残障服务的问题成因，以期引发思考，共同探讨相应解决对策。

6.1 政府购买反应滞后

一些机构反映，政府开出的合同条件过于苛刻，减少了其灵活性、创新的自由以及回应社区独特需求的能力。政府通常不允许把资金从一个预算科目转移到另一个预算科目，而相关的科目预算又往往需要提前几个月编制，这就削弱了项目的弹性，也妨碍了机构的迅速反应。此外，严格审计的需要和烦琐的审批程序要求，与机构灵活施展的目标取向产生张力，从而导致机构运作无法保持完全独立性。天心怡智家园属公办民营形式，政府与爱弥尔智障人士发展协会谈成合作协议时就要求其需要配合政府一些工作的开展。但由于之前没有和政府打过交道，对政府体制和政府部门关系并不是非常了解，而政府对民间机构的了解也有些欠缺，因此两者之间的协调比较耗时耗力。

6.2 服务覆盖面过窄

政府购买的岗位和扶持的就业基地，覆盖的残疾人毕竟是少数，而且发展不均衡。全市有城镇残疾人约 7.2 万人，其中有劳动能力的适龄残疾人约 4.65 万人，目前仅有 2.5 万人就业。造成这一现象的原因，主要是由地方财力有限决定的。如残疾人就业保障金的收缴方面，长沙市有的区县年收缴额近千万元，而有的区县仅百余万元，造成事业发展的不平衡。此外，劳动者权益保障相对缺乏。购买就业服务不可避免地涉及最低工资标准、社保“五险一金”的缴纳、劳动合同、劳动时间、同工同酬、晋升通道等一系列有关劳动者权益保障的问题。因此安置后的权益保障问题，缺乏更多的跟踪监管和保护措施。

---

① 楚辞．我国政府采购公共服务浅析［J］．研究与探索，2007（12）：65.

政府购买残障服务可以追溯至20世纪80年代，但总体上，无论是经济发达的东部地区还是经济欠发达的中西部地区，都还处于起步阶段，政府购买残障服务的规模普遍较小。就长沙而言，目前长沙市残障人士达31万，但真正在该过程受益的残疾人不足1/3。残疾人享受政府购买的残障服务受到严格的地理区域限制，不仅是外地人，就连本地的农村残疾人士也无法享受本市区所提供的残障服务。现如今，各地无障碍设施和无障碍交通工具的供应远不足以满足需求，导致残疾人出行困难，因此即使政府出资购买服务，服务对象也很难抓住自如地进入康复机构、培训机构以及庇护性工厂等康复、学习的机会。在长沙市残疾人调查问卷中发现，61.8%的残疾人有就业的需求，是各种服务中需求量最大的服务，而政府提供率只有21.8%，供给远远不能满足需求。在调查人群中65.5%的残疾人没有收入，在34.4%的有收入人群中收入水平也很低，这也是残疾人生活水平无法提高的重要原因之一。

6.3 模式推广有限

6.3.1 机构发展不足

6.3.1.1 机构缺乏生源

一是机构位置相对比较偏远，交通不太便利，以天心怡智家园和雨花怡智家园为例，均远离核心区域，智障人士无法独立完成上下课，需要家长的协助，这在很大程度上会阻碍一些智障人士到机构学习培训；二是一部分家长的认识不够，基于多种考虑不太想让别人知道有这样一个孩子；三是一些家境较好的家庭，家长可能会担心自己的孩子在外面发生一些状况而不愿意让孩子出去。这些原因就导致了机构生源少。

6.3.1.2 政府扶持不够

这主要表现在政府扶持力度有待加强，一方面，财政支持不够。服务购买金额不足，托养服务针对面窄，政府的补贴不足以弥补机构的运营成本。政府在雨花怡智家园的前期总投入为一次性投入16万元，但雨花怡智家园装修就花去 30 多万元，每年的场地租赁费用为 10 万元，再加上水电费和人员工资等，一年的运营成本达到 40 万元以上，而政府的后期投资仅为每人 600 元。由于财政购买资金有限，雨花怡智家园不得不依靠购买以外的经营来弥补收入的不足，主要是通过培训自闭症儿童来解决目前资金匮乏的处境。目前有 70 多个自闭症儿童在这里培训，因为是一对一模式的早期干预，所以收费比较高，每人每月 1800 元。另一方面，政策扶持力度不够。对于发展残疾人事业来说，政府给予的支持不应该仅仅是资金方面，还应包括吸引有能力的人投入该行业中。譬如，在智障人士康复方面，就需要非常多有经验的从事特殊教育的老师参与进来，但政府对于这些老师政府并没有相应的政策倾斜。据雨花怡智家园负责人介绍，目前该机构共 48 名老师，工资均维持在基本水平线上，只有做了 5 年以上的老师才能拿到每月 2000 元的工资，并且现在平均一天要上 8 节课，有些老师要上 9 节课，压力很大，导致人才不断流失。

6.3.2　自身定位不清

通常来说，我们将这类生产公共服务的组织定义为非营利组织。但很显然，许多组织并非不盈利的，比如，本案例中的成才培训学校以及定点医院。甚至是怡智家园这种比较有代表性的机构，事实上也并非不存在盈利的因素。案例中的雨花怡智家园为民办公助的性质。

不管政府购买公共服务的初衷是否希望生产者盈利，但后者的盈利是为促使社会组织持续运行、长久发展，以承担更大的社会责任。

6.3.3　竞争意愿不强

残障人士公共服务组织作为公益性组织，既具有非营利性，又具有自发性。这一方面决定了各组织之间无法因为利益而形成竞争；另一方面在一定程度上导致其服务高低但凭“心情”，公共服务组织无法形成有效竞争，你做你的、我做我的，从而导致残障人士公共服务容易变成一潭死水，推广更显困难。

6.4 购买制度建设体系不够健全

6.4.1 残障公共服务制度化有待完善

相对基础设施建设、批量设备采购等一些常规的政府采购流程来说，残障公共服务的购买基本上处于一个各地摸索的阶段，离制度化还有很长一段距离。这在很大程度上是由于残障公共服务的专业性很强，并且其所购买服务的效果不完全取决于生产方，与服务对象也有关系。不管采购者还是生产者都指出，很难用量化的指标来评估所采购的服务，这使得政府在采购服务方面相对比较谨慎。由于政府采购整体上倾向于能够看到明显效果的服务，因此对于自闭症基本上不予以援助。这可以说是因为难以量化评估而干脆放弃了公共服务的供给职责。

6.4.2 缺乏服务质量评估体系

一方面，作为新兴事物，国家缺乏行之有效的监督机制。从调研的情况来看，市残联自身理念仍不够清晰，对于服务购买的代理方无法提出明确的评估标准，因此无法对其提供残障服务的质量、水平和效益制定硬性规定和责任追究制度，易于滋生腐败。另一方面，作为残障服务，质量难以科学量化。服务满意度主要在于残障人士心理感受、身体机能、生活工作技能提升效果上，很多标准无法量化，只能模糊处理，从而导致服务质量无法有效衡量。

6.4.3 购买服务资金预算规范性有待加强

在开展政府购买残障服务较早的西方国家，政府向社会公布购买服务的预算，从事生产残障服务的非政府组织，通过政府采购公开招标的方式取得政府拨款，并按照政府要求提供服务。而在我国各级政府部门预算编制中，政府采购资金预算已经单列，但并不向社会公开，因而民办机构对政府购买残障服务的需求并不了解，不利于其竞争政府所要购买残障服务的项目。政府购买残障服务缺少规范程序，公开竞争未成为一般原则。

结束语

综上可知，长沙市政府购买残障服务差异化模式的创新实践，是解决当前残障人士社会服务保障的有效方法，有着其他方式不可比拟的特殊优势。然而，作为新兴事物，也要看到其存在政府与公共服务组织协调不畅、制度建设不完善等问题。而这些问题，又将公益性竞争不足、难以推广等问题进一步扩大。因此，建立切实可行的规则，包括监督评估、激励推广、多方协调的机制体制建设，解决上述问题，充分发挥购买残障服务差异化模式独特优势是摆在我们面前的一道思考题，值得深思。

思考题

1. 分析长沙市政府购买残障服务差异化模式产生的原因。

2. 分析长沙市政府购买残障服务差异化模式的运作方式及其发展成效。

3. 如何建立一个科学有效的评估体系对政府购买残障服务进行监管，并调动最广泛的社会资源，完善并推广长沙市购买残障服务的创新模式，即政府购买残障服务差异化模式？

案例教学手册

1. 知识要点

1.1 政府购买公共服务

政府购买公共服务是指将原来由政府直接提供的、为社会公共服务的事项交给有资质的社会组织或市场机构来完成，并根据社会组织或市场机构提供服务的数量和质量，按照一定的标准进行评估后支付服务费用，即“政府承担、定项委托、合同管理、评估兑现”，是一种新型的政府提供公共服务方式。随着服务型政府的加快建设和公共财政体系的不断健全，政府购买公共服务将成为政府提供公共服务的重要方式。

在理解政府购买公共服务时需要注意以下三方面内容：第一，政府购买公共服务的主体是政府，不论是一级政府，还是政府相关部门；第二，政府购买公共服务的客体是社会组织与企事业单位，社会组织包括社会团体、民办非企业单位、基金会等，企业包括国有企业、民营企业，事业单位同样也是政府购买公共服务的客体；第三，公共服务不同于私人服务。一般来说，政府购买的服务可以分为两大类：一是政府机构及其工作人员自身消费的服务，二是政府机构及其工作人员为社会所提供的服务。前者属于政府内部的服务，服务对象是政府机构和政府官员自身；后者属于公共服务，服务对象是除政府以外的其他社会机构和公众。

1.2 政府采购

政府购买公共服务是政府采购的一部分，遵守《中华人民共和国政府采购法》的相关规定。根据《中华人民共和国政府采购法》第二条，政府采购是指各级国家机关、事业单位和团体组织，使用财政性资金采购依法制定的集中采购目录以内的或者采购限额标准以上的货物、工程和服务的行为。可见采购对象包括货物、工程和服务，其中“服务”的行为应该包括公共服务，这样，政府购买公共服务有法可依。政府购买公共服务是民营化的重要方面。著名学者萨瓦斯认为，民营化可界定为更多依靠民间机构，更少依赖政府来满足公众的需求。欧文·E. 休斯强调，民营化是指从整体上减少政府的介入，减少生产、供给、补贴、管制，或这四种工具的任意组合。

2. 案例分析要点

2.1　政府购买残障服务差异化模式的背景分析

一是现实需求分析。根据第二次全国残疾人抽样调查结果，长沙市共有31万残疾人，占全市总人口的4.91%，分布近五分之一的家庭，关联近百万人。其中，视力残疾4.61万人，占14.86%；听力残疾7.49万人，占24.16%；言语残疾0.48万人，占1.53%；肢体残疾9.02万人，占29.07%；智力残疾2.05万人，占6.6%；精神残疾2.3万人，占7.4%；多重残疾5.06万人，占16.3%。由上述数据可知，残疾程度的差异性，必然导致残障服务需求的差异性。目前，长沙市残障人士数量较多，所涉及的残障家庭多达百万人，可见其影响范围之广、服务需求之大。

二是购买模式阶段分析。在政府购买残障服务的初级阶段，政府购买残障需求主要集中在一些“福利性单位”，主要包括收养和救济。随着社会不断发展和进步，人民群众需求不断提高，政府购买残障服务逐步进入发展阶段。一方面，残障服务面临着日益专业化的趋势，即精细化分工涉及残疾人士康复医疗服务、残疾人士社会保障服务、残疾人士就业服务、残疾人士教育培训服务、残疾人士供养服务及其他专业服务等众多方面。另一方面，伴随着以市场化为导向的经济体制改革，以及与之相适应的政府职能转变，很多公共服务职能从政府职能中转出。随后，政府采用契约化的形式，向非营利组织、企业或其他社会组织购买残障公共服务。因而，政府采购非营利组织所提供的残障公共服务，充分释放非营利组织优势，是解决现有政府购买残障服务日趋专业化和契约化的现实路径。冀此政府购买残障服务便正式迈入一个全新的发展阶段，即政府购买残障服务差异化模式服务模式，这是政府提供公共服务的一种新理念、新机制和新方法，也是一种共赢模式。

2.2 政府购买残障服务差异化模式的运作分析

政府购买残障服务差异化是指以公共服务资源为基础，以市场需求为导向，努力搭建适应现代残障需求精细化，政府购买专业化发展趋势的残障服务体系，根据残疾人士的需求购买就业服务与供养服务。具体来说，其运作模式如下：

依据残障服务需求的差异化，政府购买残障服务差异化模式主要为残障人士提供三类残障服务，即供养服务、就业服务和创业服务。

一是就业服务。主要包括两大就业平台，即分散型就业平台和集中型就业平台。其中，分散型就业平台运作方式主要是按比例进行残疾人士工作安排，如交通协管员、城管协管员、社区残联联络员，以及城市环境卫生、公共停车场、报刊信息（公用电话）亭、收费公厕等服务行业的公益性岗位，残疾人士新增就业 5165 人。集中型就业平台运作主要通过建立残疾人就业基地，开发和购买社区公益性岗位，扶持民营企业、福利企业加大安置力度，以集中安置残疾人士就业和辐射带动残疾人士家属从业。

目前，就业服务的运作主要分为两大类型，包括就业基地的运作和创业基地的运作。其中，就业基地严格筛选流程主要有四大标准：一是在扶持对象方面，选择有一定实力、企业法人素质较高、有适宜安置残疾人就业或带动残疾人脱贫的项目、有完善的产供销网络的企业。二是在建设标准方面，主要考虑企业的产值利润指标、安置残疾人数、企业生产规模等因素。三是在补贴办法方面，对新建立的扶贫基地和已建立的原有扶贫基地按照实际实行不同的补贴标准。四是在监管制度方面，要求基地接受残联的指导和检查，由企业自主经营、管理，残联不提供任何担保，不承担经济、民事等法律责任。同时，对残疾人就业、扶贫基地，坚持每年审验一次，合格的继续保留，不合格的给予摘牌处理，并酌情收回扶持资金。此运作方式中的典型案例就有政府向湖南安邦制药有限公司所购买的残障服务。

二是创业基地的运作涵盖硬件和软件的建设，主要包括三大流程：一是成立管理委员会、运营中心、专家团等服务组织；二是制定管理办法和行为规章，明确工作机制和流程；三是按功能划分场地，配备基础设备。

三是供养服务。长沙市积极实践，摸索出了一条机构托养模式、会所服务模式和社区托养模式并重的购买残疾人供养服务的新路子，此运作方式中的典型案例以怡智家园为代表。目前，长沙市有两家怡智家园，均根植于社区，为残疾人回归社会、融入社会，有尊严地生活提供了有效平台。其中，天心区怡智家园是由天心区残联创办，湖南爱弥尔智障人士服务机构经营管理，专门为成年智障人士及其家庭服务的非营利机构。另一家雨花怡智家园摸索出了由政府主导、社会参与、私办公助、合作互补的“民办公助”合作模式，是雨花区对智障培训教育就业探索的新型模式。

2.3　政府购买残障服务差异化的成效分析

政府购买残障服务差异化的成效主要体现在残障人士、残障家庭及政府三个方面。

首先，对于残障人士而言，政府购买残障服务差异化服务模式为残疾人士搭建了同工同酬用工评估体系，建立了更为人性化的残疾人士就业管理制度，加强了残疾人士就业的岗位发展规划管理。

其次，对于残障家庭而言，政府购买残障服务差异化服务模式为其减轻了家庭负担，扩宽了家庭收入来源，增加了家庭有效收入，满足了其“自给自足”的经济需求。同时，满足了其融入社区生活、回归社会生活的心理需求。

最后，对于政府而言，有效释放了社会组织的专业优势，相对有效地整合了社会资源，实现了政府职能转型的目标。

2.4 借鉴国际经验，探讨政府购买残障服务差异化服务模式的进一步完善和推广

2.4.1 相关国际经验

英国——引入竞争机制解决市场问题。主要方式是通过强制实行非垄断化，推动公共部门与私营部门之间以及公共部门之间的竞争。非垄断化主要针对的是私有化后的公共部门，为了防止垄断，加强竞争，英国政府对私有化后的公共部门的股份持有比例作出了明确规定。例如，政府规定电力公司私有化后5年内单个持股者不得拥有15%以上的股份。对于成本巨大和风险较高的基础设施建设领域，为使潜在竞争者能够顺利进入市场并展开有效竞争，英国政府还以立法的形式要求在指定的领域必须实行公共部门与私营部门的公开竞标或合同出租。

美国——“以私补公”解决财政问题。长期以来，美国政府对公共部门的补贴一直居高不下，财政负担沉重。为此，20世纪80年代初，政府决心“以私补公”，即通过立法的形式保护和促进私营部门进入公共服务领域。美国公共服务购买采用了许多方法，其中最主要的是合同出租和公私合作。截至目前，美国联邦政府已经与私人公司、研究机构和个体顾问签订了约2000万个合同，每年所涉及的经费数额占联邦总开支的14%，国防部通过合同出租支出的资金约占其总支出的

2/3。

澳大利亚——就业服务公司化解决效率问题。20世纪80年代以来，澳大利亚在公共服务改革实践中最为独特而又卓有成效的是其在公共就业服务购买方面的创新。澳大利亚政府将原隶属于就业、教育、培训和青年事务部的全国400余家公共就业服务机构全部民营化，组建成了全国就业服务有限公司，并把原先属于公务员性质的9000余名工作人员全部转入劳动力市场，根据公司需要和个人意愿，实行双向选择。公司实行董事会负责制，在承揽业务方面，和其他民间就业服务机构享有同等的条件和地位，很大程度上提高了残疾人的工作效率以及弱势群体失业者的再就业率。

2.4.2 推广与展望

“一体两翼”服务模式使得政府与市场之间形成一种相互配合的关系。政府可以向市场主体购买公共服务，也可以向非政府组织购买公共服务。引入有效的评估体系，界定残障需求的差异化分层，以及将此模式的运作方式进行标准化推广，都基于一项重大前提，即政府向社会力量购买公共服务必须有法可依，完善相关法律法规，从制度上预防政府干预市场竞争及滋生腐败的行为。

总之，政府购买残障服务差异化服务模式，根据差异化的需求为残障人士提供供养、就业、创业的差异化残障服务，是长沙市政府在购买残障服务上卓有成效的创新。

（执笔人：江德应、舒梦、刘涛、于豆、王敏）

农村集体经营性建设用地入市面临的多重困境

——以浏阳市 Y 镇产业聚集区为例

摘要： 本案例研究了 2015 年浏阳市成为全国农村集体经营性建设用地入市的改革试点县后，Y 镇政府为了发展传统的家具产业聚集区，启动了集体经营性建设用地入市的运行过程。Y 镇通过集体经营性建设用地入市，引入市场方面的资本注入，希望实现“散、小、乱、差”家具作坊的产业聚集区转型，完成盘活农村集体土地资源、提升农民土地收益双重目标。但是最终的结果却不够理想，家具产业园区虽然建成，但并未吸引 Y 镇传统的家具企业入驻；村民通过经营性建设用地入市获得收益，却因为土地的属性以及村民自治的制度安排与决策方式遇到了分配难的问题。本案例通过事实的客观呈现，旨在思考：在政府引导、市场主导、村民参与的三方合力的作用下，家具产业聚集区项目为何与其决策目标相差甚远？集体经营性建设用地入市到底会遭遇哪些政策与制度瓶颈？土地入市前后，政府—市场—村民三方关系发生了什么样的转变？这对全国集体经营性土地入市的改革有何启发？

引　言

Y 镇是湖南省长沙市浏阳市辖镇，位于浏阳市西北部，在长沙市东郊，距离浏阳及长沙市区较近。Y 镇是浏阳市的西大门，位于长沙—浏阳中轴线上，水、陆、空交通十分便利。其工业经济发达，既有现代工业，也有传统的家具产业。

Y 镇家具产业起步于 20 世纪 80 年代，这里有着 30 多年的家具研发、生产、销售历史，是浏阳四个家具主产区之一，有 400 多家家具生产工厂，从业人员 1 万余人，产品占据了长沙黎托家具市场 80%以上的份额，在广东顺德家具市场、江西南康家具市场的份额也达到 20%左右，年产值超 20 亿元，且每年以 20%的速度增长。传统家具产业主要集中在 Y 镇所辖的 FY 片区。可以说，Y 镇每六个人里面就有一个人吃着“家具”这碗饭，Y 镇人有着自己的一套家具经，Y 镇人也根本离不开这门养家糊口的手艺。

然而，在 2015 年长沙市“史上最大规模的拆违控违”行动下，“散、小、乱、差”且多为违章违规建筑的 Y 镇家具作坊成了重点整治的对象。Y 镇家具小企业要么转型、要么湮灭。

面对此番困境，基层政府与本土企业家达成了建设本土家具产业园的战略共识，又恰遇集体经营性建设用地入市改革的春风，Y 镇拟以“两入两统两建”的发展模式回应产业转型的难题，实现政府、企业、农民三方获利的愿景。但是不料本土产业园区建设中途遇到了资金问题，外资代替本土企业主控制了园区后期建设，本土家具小企业并未入驻园区，本土家具梦成了泡影。与此同时，凭借土地获得分红的村民小组也因为无法达成统一的分配方案陷入纠纷。本土家具产业梦这一政策目标失败的根本原因在哪里？怎样才能通过项目实施实现最大的公共价值？本案例将对这些问题进行探讨。

1. 家具产业谋出路

时任Y镇镇长的TWM深知家具产业对于Y镇人意味着什么，因此他也一直在思考到底该如何帮Y镇人保住这碗饭。WJP是Y镇本土的企业主，是湖南某家具有限公司的大股东兼董事长，在Y镇有近5万平方米的厂房，而他的厂房也同样面临着这场“拆违控违”的飓风。一次偶然的机会，镇长TWM和企业主WJP聊到了这个令他们都很头疼的问题。WJP直言不讳道：“这么多年了，Y镇的家具产业堵是堵不住的，要疏!”他明确提出要建立一个家具产业聚集区，把Y镇现有的家具小企业、小作坊整合起来。一方面，统一进行环保、消防设施建设，解决原有的厂房违建、环境污染、安全隐患等问题；另一方面，形成产业集聚的效益，形成Y镇自己的特色品牌。TWM表示，政府方面其实也有意愿建立一个Y镇自己的家具聚集区。

2016年下半年，WJP对全镇分散的家具厂进行了总体摸排，通过逐一入户，对愿意入驻聚集区的小企业进行了统计。统计显示，2/3的企业迫于当下拆违控违活动以及蓝天保卫战的压力，同意这个化零为整的项目。根据入驻企业的发展需求，以WJP为首的Y镇家具企业主们估算Y镇家具制造产业聚集区需用地300—400亩，于是WJP开始了漫漫“找地”之路。

一番寻找过后，WJP没有找到合适的地块建设产业聚集区。《中华人民共和国土地管理法》第五章第四十三条明确规定：“任何单位和个人进行建设，需要使用土地的，必须依法申请使用国有土地；但是，兴办乡镇企业和村民建设住宅经依法批准使用本集体经济组织农民集体所有的土地的，或者乡（镇）村公共设施和公益事业建设经依法批准使用农民集体所有的土地的除外。”而Y镇的国有土地没有像FZ片区以及FY片区这样合适的地块，家具产业聚集区的计划再次搁浅。WJP没有想到，浏阳市即将到来的土地制度试点改革，将解决他的燃眉之急。

2. 改革试点进浏阳，集体土地入市路漫长

2.1 制度改革开道路，土地分散阻征程

2013年11月，党的十八届三中全会通过了《中共中央关于全面深化改革若干重大问题的决定》，提出在符合规划和用途的前提下，允许农村集体经营性建设用地出让、租赁、入股，实行与国有土地同等入市、同权同价。2014年12月，中共中央办公厅和国务院办公厅联合印发了《关于农村土地征收、集体经营性建设用地入市、宅基地制度改革试点工作的意见》，决定在全国选取30个左右县（市）行政区域进行试点。2015年2月，十二届全国人大常委会第十三次会议审议通过《关于授权国务院在北京市大兴区等三十三个试点县（市、区）行政区域暂时调整实施有关法律规定的决定》，农村土地制度改革正式进入试点阶段。凭借丰富的土地改革经验、独特的区位优势以及深厚的产业基础，浏阳市成为湖南省的唯一试点，开始在全市范围内开展土地制度改革。

2015年3月，浏阳市作为宅基地制度改革的试点开始改革工作。由于“三块地”改革①独立推进，相互之间造成制度掣肘，改革效果不佳。2016年9月，浏阳市结束了原有的单独推进宅基地改革工作，开始在各辖镇统筹推进“三块地”改革。原作为宅基地制度改革的试点地Y镇，也开始统筹推进农村土地征收及集体经营性建设用地入市改革。

① “三块地”改革是指农村土地征收、集体经营性建设用地入市、宅基地制度改革。

相较于原来的征地政策，集体经营性建设用地的入市，对于政府、农民以及土地市场有着相当大的影响。集体土地入市能够最大限度地使农民获利，相较于土地征收，村集体没有丧失对农村土地的所有权，而是仅仅出让了使用权，在使用权到期后能够再次出让以获得长期的稳定收益。政府也从原来在土地征收中的土地市场的主导者逐渐演变为集体土地入市中土地市场的调节者与监管者，从原来的直接作为土地市场的卖方以获取收益变为市场的监管者与维护者以收取部分调节金，角色发生了巨大改变。与此同时，原有的土地市场不再仅仅限于国有土地的流转，也将土地的流转范围扩大到了农村集体土地，农村的集体土地不必再经过征收这一程序转变为国有土地即可直接在市场进行交易。

WJP 将目光投向了这项政策，盘算起了集体经营性建设用地。但是，Y 镇可供出让的集体经营性建设用地最多不过几十亩，且分布零散，而 WJP 的建设需求为 300 多亩的连片土地，因此很难满足大项目需求。又一道鸿沟挡住了 WJP 前行的道路，这时，WJP 想，那么能不能把这些零碎的地块集中起来呢？于是，WJP 求助了浏阳市国土资源局。当时，无论是 WJP 还是国土资源局工作人员心中都没有底，把零散的集体经营性建设用地集中起来搞建设的想法到底行不行得通呢？

2.2 土地指标受限制，建设权证破难题

经过一段时间的调研，浏阳市国土资源局工作人员发现，不只是浏阳市遇到了这个麻烦，其他多个试点区都出现了同样的问题。在学习了其他地方的经验后，浏阳市国土资源部门针对 WJP 等人遇到的问题提出调整入市的想法。所谓调整入市，就是将零散的建设用地复垦为林地或耕地，在合适地段把相应数量的农用地开发为建设用地。增多少减多少，耕地和建设用地总量都没有变化，符合 2008 年国土资源部颁发的《城乡建设用地增减挂钩试点管理办法》的要求。在征求了上级部门意见后，浏阳市国土资源部门开始着手进一步规划。

2017年，浏阳市国土资源局创造性地推出了“建设权证”这一土地利用新方法。建设权证政策出台后，WJP将目光投向了XH村XH片区的300多亩林地，这300多亩地是由XH村5个村民小组部分组员承包的。XH村位于Y镇东北部，紧邻开元大道，交通便利。同时，这里距离长沙市区仅25千米，区位优势十分明显。综合以上优势，WJP将项目选址定在了XH村，并着手联系村集体。

由于资金不足，WJP无法一次性支付XH村300多亩土地50年的使用权费用。在浏阳市国土局以及Y镇政府的指导下，WJP决定采取“土地入市、农民入股”的新模式。按照基准地价估算，XH村每亩地50年使用权作价为10.7万元，共354.38亩土地的价格约合3800万元。整个家具产业聚集区的投资大约有4亿元，这样农民3800万元的土地作价股份约占项目股份的10%。剩余90%的股份，38%由投资运营公司掌控，以自有资金投入聚集区基础设施建设，对聚集区进行统一规划建设并保证统一安全环保；52%由入驻的家具企业掌控，原有家具企业主向政府递交申请书，承诺在Y镇家具产业聚集区新厂建成后立即拆除“小、乱、差”厂房，即“拆散建整、拆旧盖新”。通过这种“两入两统两建”的模式，最终实现“两有”，即“产业有效益、农民有收益”。

WJP按照Y镇2016年FY片区标准厂房的市场租金每月每平方米10元计算，农民占整个项目10%的股份，即获得每月每平方米1元收益，1亩地有666.6平方米，约合每年每亩8000元。根据《浏阳市农村集体经营性建设用地入市收益分配指导意见》的规定，“农村集体经营性建设用地入市收益在扣除相关费用后的剩余部分，提取部分作为本集体经济组织的发展资金，用于发展壮大集体经济和本集体经济组织农业生产设施改造、新村建设与管理等，以上部分不得低于30%”。因此，WJP设想8000元中30%即2400元留到村集体用于集体经济发展及公共事业建设，剩余5600元由各组进行分配。按照这样的分红方案，农民所获得的收益远高于 Y 镇土地租用的价格，所以 WJP 对于说服农民拿下 300 多亩林地这件事信心满满。然而，又一个困难出现在了 WJP 面前。

2.3 惠农政策遇质疑，政府出面正名义

瞄准这块土地之后，WJP 找到了 XH 村村支部书记 HGL，向 IIGL 表达了自己想要使用 XH 村林地的意愿，并介绍了自己设想的利益分配方案。以 HGL 为代表的村“两委”干部一致认为这件事是利民的好事，于是召开村组长会议，将方案传达给 300 多亩地涉及的 5 个小组的小组长，由小组长传达给本小组的组员。

组员们获悉了这一消息后，对这件“好”事充满了质疑。XH 村 J 组组长说：“当时就觉着是诈骗啊，因为给的价太高了，就是想套我们的地。”原来，在这之前，村民们将这 300 多亩地租给了一个花木园老板用于种植花木，每年的租金为每亩 45 元，租约还有 15 年到期。从 45 元到 5600 元，翻了 100 多倍。WJP 为此事一次又一次踏入 XH 村，千辛万苦去劝说村民。碰了一鼻子灰的 WJP，求助了 Y 镇政府以及浏阳市国土资源局，希望政府能够出面给村民们消除疑虑。

为了推动这个土地入市项目尽快上马，浏阳市国土资源局副局长、镇政府主管领导以及国土所相关工作人员赴 XH 村向村民们解释政策。副局长入村之后和工作人员一起，在召开的村民代表会议上，真诚地向村民们普及并解读了当下浏阳市集体经营性建设用地改革的政策：“这件事不是骗局，有政府做担保，你们还担心什么？这件事是双向受益，企业可以将土地租金分期付款，减轻了企业的压力，而你们农民也能每年拿到自己的收益。”在政府工作人员反复解释与担保之下，村民们心里踏实了。这时，J 组组长提出：“我们在 50 年之后一定能把这块地收回来吗？这个地的性质不会变吧？我们农民就靠地吃饭，如果 50 年后连地都收不回来了，都不是我们的了，我们就没有依靠了。”副局长当即表示："合同和政策都有保证，50 年合同到约之后，XH 村可以无条件收回入市的土地。"听到这之后，村民们心里更有了底，WJP 心里的石头也终于落下了。

根据《浏阳市农村集体经营性建设用地入市民主决策办法》规定，"审议事项须经全体代表三分之二以上同意方可通过"。为顺利使 XH 村土地入市，村"两委"及 5 位组长组织召开大大小小的村代表会议、组内会议等，对村民进行政策普及。Z 组组长说："当时就是有这么几户人家不同意（入市），怎么都不同意，就是传统的小农思想，（他们想）农民连地都没了还算农民吗？这种思想就不对，当时我就代表我们组上去劝了又劝，把好处说清楚了，最终也都同意了。"普及入市政策的同时，一场涉及集体经营性建设用地入市的村民大会正在紧锣密鼓地筹备着。

2.4 热火朝天入市去，村民大会定乾坤

2017 年 8 月 28 日，WJP 登记成立了浏阳 XC 商业发展有限公司作为家具产业聚集区的投资运营公司，注册资本为 5000 万元。2017 年 9 月 1 日，XH 村注册成立浏阳市 XH 土地专业合作社，代理 5 个村民小组办理相关入市手续，合作社主要负责人由村"两委"干部直接出任。

2017 年 10 月 18 日，XH 村召开村民代表大会，集体表决土地入市相关事项。当天，从村委会到外面的小广场，密密麻麻全是人，村民们都赶来见证这历史性的一刻。大会上，村民们通过投票表决同意将这 300 多亩的土地入市，并签署了入市表决书。同时，XH 村 5 个村民小组签署了入市委托书，委托 XH 村 XH 土地合作社办理集体经营性建设用地入市相关手续。

对于采取土地作价入股的方式将集体用地的 50 年使用权入股到家具产业集中区并获得收益，村民又有了疑惑——自己究竟能拿到多少钱？都说政策好，这个政策方案又该如何保障农民稳定增收呢？虽然

WJP 等企业主早在入市之前就将土地作价入股、村民按股分红的分配方法和方式告知村委会，并通知到村小组内，但村民仍然对这样的收益方式感到担忧。入股分红很大程度上取决于公司的经营状况，但是一个新的项目发展起来总需要几年的时间，这意味着村民的收益将和企业的经营风险挂钩。“入股分红当然不能同意了，万一企业主跑路了怎么办？我们的利益谁来保障？我们本来就是困难群体，要能够切实保障我们的权益。”H 组某组员如此说道。

为了取得村民的信任，也为了项目能够顺利开展，镇政府、村委会、企业、村民针对收益分配方案展开了激烈讨论：虽然入股分红能够给村民带来更加丰厚的盈利，但村民仍然认为自己不能与企业一同承担营业风险，希望能够得到固定分红以保障自己的利益。经过讨论和计算，最终采取了每年每亩地 5600 元固定分红，每 5 年增长 5%，且厂房建好后过户 10%到村级合作社名下，村集体和村民可自主经营，也可委托公司经营。这样一份合同让 5 个村小组的村民都感受到了实惠，村里的荒山林地居然还能带来这么巨大的收益，村民们切切实实获得了土地收益。J 组组长说：“虽然按股分红得到的钱比每年固定分红要多，但是农民与企业一起承担市场风险是不合适的，在这个过程中农民对自己的财产没有安全感，每年踏踏实实拿到钱才是农民所希望的。”至此，XH 村村民正式同意将 354. 38 亩土地入市，每年通过土地入股从 XC 公司获取固定分红，WJP 的构想终于可以落地了。

3. 村民分利起争议，产业前行路未卜

村民们最终同意了土地入市以及作价入股的方案，无论从什么角度来看，Y 镇这一宗集体经营性建设用地入市都应该是一件好事，产业发展有着落，农民收益有保障，政府税收有来源。但是，事情远非构想的那么简单。

3.1 集体留存未公开，组内分配有纠纷

在2017年10月18日XH村村民代表大会上，5个村民小组签署利益分配方案，各组组长拿到方案时却都呈现出了茫然的神情。因为利益分配方案白纸黑字写到，每亩土地XC公司付与土地合作社8000元的租金，其中30%留给村集体，村民占有70%，获利5600元。但是，从村委会召集组长开会，再到组长传达信息，除村干部以外的大部分人所知悉的都只是每年每亩的5600元收益，对村集体留存的30%不甚了解。

明晰方案后，多数村民对于村集体留存30%表示理解，一些村民如是说："村里也挺不容易的，修路修塘都是村里搞。"但是，也有一部分村民表示："从来不知道这些钱用到哪儿了，没见过哪里有公示。"XH村村主任表示："这笔钱现在还没有使用过，村里使用这笔钱是要经过开会同意才能使用的。"总体来说，村民对每亩5600元的收益还是十分满意的，而且也能够理解留存集体资金的合理性。而最为关键的矛盾不在于村里的留存，而在于组内的分配。

XH村土地入市项目给村民带来的收益应是每年每亩5600元，具体分配方案组内民主决定。涉及入市的5个组的土地都既包括组内自留山，又包括村民承包经营的山。除H组外，其余各组的组内自留山所获收益均是按组内人头平均分配。组员承包地所获的利益该如何分配成了矛盾的聚焦点。为了协调利益分配，村小组开了很多次会，每次每户来一个代表。但究竟如何解决，是在集体内平均分配入市收益，还是将收益分配给原本拥有土地使用权的村民（山主）？或是混合两种分配方式，一部分给原山主、一部分平均分配？由于各小组组内成员涉及土地入市数量的差异，形成了不同的分配方案，甚至因此导致了组内成员之间的矛盾冲突。以下是XH村涉及土地入市的5个村小组的收益分配方案。

S组：入市土地亩数最少，仅5亩左右。2亩多由组员陈某承包经

营，另外 2 亩多为组内自留山。陈某得 60%，剩余 40%归组里所有，按人头平均分配。陈某和其他集体成员都表示满意。

X 组：入市土地共 100 余亩，涉及土地较多。入市土地较多的山主认为利益应全部归其所有，而组内其他成员认为应全组均分。双方激烈讨论后暂定 60%归山主所有，40%归组集体暂存。山主的 60%已经下发，剩余 40%仍留在组里待分配。

H 组：全员参与入市，组员入市土地数目差异较大。为缓和矛盾，将组内部分参与入市的自留山承包给人均入市不超过 1 亩的家庭。按照每户所承包的土地规模进行分红，剩余的组内自留山收益用于五保户的供养。

J 组：初步利益分配方案下，18%归山主所有，82%由组集体按人头分配。此方案由于少部分入市土地多的组内成员不同意而搁置，分红还没有下放。

Z 组：入市土地 120 亩左右，组员近 180 人。组内暂定“20%归原有山主，80%归组集体”。现已按每人每年 2500 元将收益部分下发，但是有几户组员对这种分配方案不满，拒绝接受这种利益分配，没有拿分文收益。

总体来说，XH 村此次集体土地入市涉及 5 个村民小组，困难环节主要是村民小组内的利益分配。各小组内部都存在两种声音，一种来自入市前的承包土地较多的山主，另一种来自组内其他成员。两种声音的交织充分体现了小组内部集体与个体利益的矛盾冲突。而政府一方则建议村民通过民主协商完成利益分配。村民寄希望于政府干预，而政府主张村民自治，各组的利益分配方案到底将何去何从？政府又是否应该向各组提供一个方案呢？

3.2 产业发展罗生门

收益分配出现了问题，而产业发展方面也不甚顺利……

2019 年，Y 镇家具制造产业聚集区的招商大楼迎来了一次装修，“Y 镇家具制造产业聚集区”的招牌被黯然拆下，换上了“尚东产业小镇”6 个大字。这个变化的由头在哪儿呢？

原来，随着项目的推进，XC 商业发展有限公司在购买建设用地指标、“三通一平”的基础设施建设、向花木园老板支付违约金等方面的支出过大，导致项目资金不足，而仅依靠 XC 公司股东们自有的资金根本无法支撑整个产业园的建设，只好从 Y 镇以外招商引资。而外资的引入使得一种新的观念在 XC 公司内部盛行——工业地产，这违背了将“散、小、乱、差”的家具小企业聚集起来，打造家具产业聚集区，以产业集聚效应解决违建问题、实现长足发展的最初目标。彼时的 WJP 已身心俱疲。由于自身与其他股东发展理念的冲突，WJP 退出了 XC 公司以及整个项目，企业易手。而那时尚东产业小镇的目标是成为长沙以东 2000 亩泛家居企业总部聚集区，以振兴湖南泛家居产业为己任，集产业建设、园区运营、产业链服务、小镇开发为核心业务，着力打造“生产、生活、生趣、生态”四位一体的产城融合样本，其本质是一个工业地产项目。原有的“两入两统两建”中小企业主自己建厂房，而彼时尚东产业小镇向小企业主卖厂房，小企业主的成本无疑提高了许多。除此之外，Y 镇政府并未在尚东产业小镇提供“三通一平”的基础设施服务。因此，截至目前，Y 镇境内的家具生产散户没有一家入驻到产业小镇，建设 Y 镇本土家具产业聚集区、解决 Y 镇家具产业发展问题的初衷成为泡影。

现实情况显示，企业发展也有了新的出路——以外来资本为主导的泛家具产业，通过承接长沙转移的产业，也能实现企业的发展。浏阳市自然资源局不动产交易中心的主任说：“这些厂房不愁卖不出去，它们离长沙很近，而且交通区位都这么好。”但是，厂房虽然能卖出去，买家绝不是那些家具产业小作坊主了。那么，急需升级的 Y 镇本土家具产业又将何去何从呢？至今，无论是 XC 公司还是政府，都还没有一个确切的答案……

结束语

从 WJP 和 T 镇长最初的构想，到集体经营性建设用地入市，再到 Y 镇家具产业聚集区的成立，直至产业聚集区更名为产业小镇，整个过程历时 4 年。4 年间，Y 镇家具产业聚集区的建立过程曲折漫长。如今，尚东产业小镇销招中心的宣传片上依然宣传着全国最大的集体土地入市项目“两入两统两建两有”的先进模式，但本设想的“两入两统两建”的项目模式只实现了“两入”与“两统”，“两建”已化为泡影，“两有”的目标能否实现尚不可卜。其中，政府与企业共同设想的美好愿景为何化为泡影值得反思。从家具制造聚集区到尚东产业小镇，Y 镇的小散乱家具作坊又该何去何从？

而在整个项目规划建设中，最重要的一环莫过于 XH 村的集体经营性建设用地入市。农民收益似乎确实得到了保障与提升，从每亩 45 元到 8000 元，收益翻了近 200 倍。但是，收益增长背后的分配难题又该如何化解，还没有一个完美的答案。如此分配格局对于农村基层治理又会带来什么影响呢？政府、基层自治组织以及村民在当代中国农村基层自治中又应该分别发挥什么作用呢？这值得我们反思。

思考题

1. Y 镇政府解决家具产业发展问题的方法有何可借鉴之处？

2. 社会、市场、行政力量三方在入市过程中以及在家具产业园区建设过程中起什么作用？行政力量到底应该扮演什么角色？

3. 当前 XH 村出现的分配难，反映了村民自治中的哪些问题？针对这些问题有哪些政策建议？

4. 浏阳市集体经营性建设用地入市改革的政策目标是什么？是否达到目标？达到或未达到目标的原因是什么？

附录

浏阳 Y 镇家具制造产业聚集区项目简介

——农村集体经营性建设用地入市改革试点项目

浏阳 Y 镇家具制造产业聚集区位于浏阳市 Y 镇 XH 村开元大道旁，离长沙市区 25 千米。项目以农村土地制度改革为契机，实现宅基地、土地入市、土地征收三项试点的深度统筹，推进改革落地生根。该项目规划用地 2000 余亩，分三期进行建设。其中一期用地 354.38 亩，投资 5 亿元，建设 42 万平方米的标准厂房和 5 万平方米的配套用房，于 2017 年 10 月正式动工建设，一期第一批 8.2 万平方米厂房已于 2018 年 12 月 12 日拿到湖南首本集体土地工业厂房预售许可证，正式对外销售，目前项目入市情况良好。

一是项目入市的现实原因。首先安全、环保有压力。Y 镇家具产业起步于 20 世纪 80 年代，是浏阳市四个家具主产区之一，有大小家具企业及配套企业近 400 家，从业人员 1 万多人，年产值规模超过 20 亿元，且每年以 20%的速度增长。虽然家具让上万的 Y 镇人过上了富足的日子，但家具企业生产场地大部分为违章建筑，环保、消防安全都不达标，有噪声污染、喷漆污染、粉尘污染和固体废弃物污染，企业经常被周边村民投诉，影响人民群众生命财产安全。其次乡村振兴有要求。Y 镇的区位比较好，是浏阳高新区所在地，有 12 个村（社区），户籍人口近 6.8 万，耕地面积约 41000 亩，人均只有 0.61 亩左右，总的情况是地少人多，土地资源很珍贵、很稀缺，加上有家具产业的基础，乡村振兴工作基础较好。再次人民群众有呼声。F 片区的发展相对落后于 Y 镇片区，F 片区群众要求发展的呼声十分强烈，想要通过大项目平台建设，带动基础设施建设，带动村民在家门口就业创业，实现增收，做到既要金山银山，又保护好绿水青山。

二是项目入市的崭新模式。面对现实困境，Y 镇大胆探索，摸着石头过河，创造了集体土地入市新模式，让家具企业也能和园区的智能制造、再制造企业一样，进行转型升级、做大做强。以民主决策确定入市，统筹集体经营性建设用地与土地征收制度改革，通过召开村民会议，经过民主协商，集体表决同意对集体土地进行入市，让渡 50 年的集体土地使用权，摒弃土地征收的"一锤子"买卖，保障了群众长久受益，实现了快速供地。以调整入市集中供地，统筹宅基地制度改革和集体经营性建设用地入市改革，将腾退的宅基地、废弃的工矿用地，以及其他散乱、闲置的建设用地，复垦复绿后折算的建设用地指标，由政府平台公司实行"台账式管理、计划性管控、统筹性使用"，保障了调整入市项目的指标需求。该项目用地 354.38 亩中存量集体建设用地仅为 2.08 亩，另外需要的旱地指标 11.76 亩、林地指标 305.18 亩、其他农用地指标 35.36 亩，全部由平台公司统筹供应。以统一流转作价入股，Y 镇 XH 村 5 个村民小组将调整后的 354.38 亩集体经营性建设用地统一流转到村级土地合作社，以村级合作社为入市主体将集体建设用地使用权作价入股到 XC 公司，占公司全部股权的 10%（354.38 亩集体土地 50 年的使用权评估价为每亩 10.7 万元，354.38 亩×10.7 万元/亩=3791.866 万元，项目一期 2017 年时预计投资为 4 亿元，土地入股占公司股权的 10%）。

三是项目入市的综合效益。通过土地入市实现政府、企业、村民和村集体多赢。从政府方面来看，借助社会资本进行开发，采用集体土地入市模式，不需要征地，政府只负责配套部分基础设施建设，节约了大量财政资金投入，减少安全、环保隐患，促进传统产业集聚升级，推动当地经济发展。从企业方面来看，集体经营性建设用地 50 年的使用权先期费用不到 6 万元一亩，之后每年支付土地费用即可。相比同地区的工业用地每亩 25 万元的价格，一次性投入少很多，也解决了达不到亩产税收要求不能入园的问题。特别是改革明确了集体土地入市和国有土地同权同价，可以实行产权分割、可以预售许可、可以在银行抵押贷款，让企业更有归属感、获得感。从村民方面来看，按照 Y 镇 F 片区标准厂房的市场租金每平方米每月 10 元计算，农民占整个项目 10%的股份，即获得每平方米每月 1 元收益，一亩地有 666.6 平方米，约合每亩每年 8000 元，其中村民获得 70%，约每亩每年 5600 元。相比原来将林地租给别人种花木每亩每年 45 元，村民所得收益提高了 124 倍。入市，赋予了农民更多的财产权利。从村集体方面来看，当地村集体一亩地就可以获得每年 2400 元的收入，354.38 亩土地可获得约每年 85 万元的收入，而提供复垦复绿指标的集体经济组织，通过向平台公司出让指标，获得收益 980 余万元，壮大了集体经济，成为一个盘活资源、发展资源经济的样本。

案例使用手册

1. 知识要点

1.1 公共价值管理理论

公共价值的概念由美国哈佛大学的资深教授马克·H. 穆尔①于1995年率先提出。他在《创造公共价值：政府战略管理》一书中认为，政府管理的目的是通过公众期望的表达，为社会创造公共价值。作为一种新兴的范式，国内学术界在21世纪后才开始引入。何艳玲②是最早一批研究公共价值管理理论的学者，她将该理论的主张归结为关注集体偏好、推行网络治理、重新定义民主和效率等方面。此外，国内的王学军③、杨博④、吴春梅⑤等学者对于公共价值管理的范式也进行了比较充分的研究和探讨。总体来说，学界基本认同政府公共管理的核心就是通过多方主体的协商参与以及政府职能和角色的转变来寻求和创造公共价值，最终通过有效治理使得公共价值最大化。

本案例中，Y镇XH村农村集体经营性建设用地入市政策的实施对

---

① [美] 马克·H. 穆尔. 创造公共价值：政府战略管理 [M]. 伍满桂，译. 北京：商务印书馆，2016：6.

② 何艳玲. "公共价值管理"：一个新的公共行政学范式 [J]. 政治学研究，2019 (6)：62-68.

③ 王学军，张弘. 公共价值的研究路径与前沿问题 [J]. 公共管理学报，2013 (2)：126-144.

④ 杨博，谢光远. 论"公共价值管理"：一种后新公共管理理论的超越与限度 [J]. 政治学研究，2014 (6)：110-122.

⑤ 吴春梅，翟军亮. 公共价值管理理论中的政府职能创新与启示 [J]. 行政论坛，2014 (1)：13-17.

基层政府与村自治组织的管理提出了新要求。本案例分析建立在公共价值管理范式之上，对于该政策的实施情况与具体成效进行分析，探讨基层治理中出现的问题以及缘由。

1.2 PV-GPG 理论

PV-GPG 理论即以公共价值为基础的政府绩效治理理论，它由包国宪①等研究者共同提出。这一理论以对新公共管理背景下政府绩效管理的反思以及公共价值相关研究为基础。它的核心是公共价值的实现与否是政府绩效衡量的基础标准，强调政府绩效的生成路径与公共价值息息相关。该理论将政府的绩效划分为社会价值建构、组织管理以及协商领导系统三个维度，通过对政府绩效路径生成的分析来评估政府具体行为的得失。何文盛②等学者利用该理论对中国地方政府绩效评估结果偏差进行探析，取得了一定突破。在该理论框架下，包国宪和马翔等学者对甘肃省世界银行项目的政府绩效生成路径进行评估③，也取得了不错的进展。

1.3 集体行动的逻辑

集体行动的逻辑的基本含义是指：除非一个群体中的人数很少，存在强制或者其他特殊激励手段，促使个人按照共同利益行事，否则理性的、自利的个人不会采取集体行动，以实现他们共同的利益或群体的利益。因此，个人理性很可能导致群体的非理性。

---

① 包国宪，王学军．以公共价值为基础的政府绩效治理——源起、架构与研究问题［J］．公共管理学报，2012（2）：89-97.

② 何文盛，姜雅婷，蔡明君．我国地方政府绩效评估结果偏差探析：基于 PV-GPG 模型的分析［J］．中国行政管理，2014（10）：80-83.

③ 包国宪，马翔．基于 PV-GPG 理论框架的公共项目绩效损失问题研究［J］．公共行政评论，2018（5）：70-98.

2. 案例分析要点

2.1 Y 镇 XH 村的集体经营性建设用地入市政策的执行成效如何？又出现了什么问题？

公共价值管理理论的核心是创造公共价值，它要求公共管理者能够回应公众偏好，通过协商、合作与多元参与等手段去寻找与创造公共价值，并最终使得公共价值最大化。下面结合本案例，从公共价值管理的视角分析此次 XH 村集体土地入市政策的实施情况。

在政策实施目标方面，公共价值理论要求政策能够平衡各方利益，体现公共价值。本次 Y 镇 XH 村的集体土地入市政策的出发点主要有三个方面：一是更有效地利用 XH 村的林地，为村集体与涉及土地入市的村民小组带来更多收益；二是向家具产业聚集区项目提供区位优势好、价格相对便宜的项目建设用地，促进项目发展；三是政府能够打造一个改革的特色样板，通过项目建设带动地方经济发展，提高地方政府的执政绩效与认可度。可以看到，本案例中的政策目标符合各方的利益需求，能够有效地回应共同偏好，政策在推行时能够获得参与各方的认可。

在政策实施过程方面，公共价值管理要求政府能够结合实际情况，通过改变政府的角色、多元主体协商互动以及加强部门间合作等手段来寻找和创造公共价值。本案例中，政府改变了以往垄断土地一级市场的主导者形象，但仍然没有实现土地交易市场服务者的形象。政府在政策实施过程中充当了 XH 村村集体与 XC 公司之间联络人的角色，在土地基础设施建设以及村民内部的利益协调方面并没有发挥突出的作用。在政策实施过程中，政府充分尊重了农民与企业的意愿，通过企业、村集体与基层政府的多次协商沟通最终确定了农民土地入市的规则。但是，在土地收益金村内分配方面，基层政府并没有与村内主体进行有效的沟通协商，涉及土地入市的5个小组中，只有一个小组将入市收益全部分配到户，村小组存在的利益纠纷问题十分严重。除此之外，此次Y镇XH村的集体土地入市政策主要由农村土地制度改革领导小组与国土资源局牵头，Y镇政府负责执行的具体操作，但其他部门配合不够，项目的相关配套设施建设全部由企业负责，配套改革不完善。

在政策实施成效方面，XH村的集体土地入市政策在落实的过程中基本完成了土地入市与农民入股的预定目标，土地改革成功推行。在政策实施过程中政府存在的问题，导致公共价值残缺，进而影响到最终的政策实施成效，公共价值未能实现最大化。这集中体现在政府未能回应公众的期望方面，一是村小组内部利益分配纠纷，许多小组内部的成员未能享受到政策实施带来的红利；二是项目的基础设施建设中政府的缺位，导致企业的项目建设成本增加，农村集体建设用地相较于国有土地的优势打了折扣。其中，最主要的政策纠纷存在于村小组内部，收益分配问题引发了部分村民的不满，对于政策本身造成了负面效应。

2.2 家具产业聚集区项目的美好愿景与现实结果之间为何有如此落差？政府到底应该在政策绩效的产出中发挥什么样的作用？

“尚东产业小镇”的招牌挂上之后，似乎Y镇家具产业聚集区的建设偏离了原来的目标。但是纵观整个过程，从T镇长与WJP达成共识要整治Y镇境内的家具作坊“散、小、乱、差”的问题，到以WJP为代表的Y镇家具企业主与政府以及XH村村民共同制订了“两入两统两建”的方案，似乎这项工程是利于企业、政府、村民三方共赢的模式。但是，在Y镇家具产业聚集区建设中至少在政策目标实现方面呈现的结果是失败的，既定的产业目标并没有实现。那究竟在整个项目从策划到建成过程中哪些原因造成了这样的结局？本案例的分析以PV-GPG理论为分析视角，尝试构建出基层政府绩效生成路径的分析框架，以此探讨Y镇家具产业聚集区没有达成既定政策目标的原因。

2.2.1 基于“社会价值建构”维度的分析

在Y镇家具产业园区建设之前，Y镇人民政府与Y镇家具小企业主们在一点上达成了共识：Y镇的家具制造与加工产业必须转型，而转型的方式是建设家具产业聚集区。这种共识的达成是在企业主与政府的互动之中逐渐形成的。

企业主自下而上的价值表达：为了降低生产成本，Y镇的许多家具作坊依托自家的农地、公共用地等建设起了自己的厂房，并形成了“前店后厂”的作坊生产模式。但是，在这种作坊式的生产模式下，安全与环保成了大问题。Y镇多数家具作坊依托于农地与公用地建设，违反了我国土地管理法的相关规定，属于违章建筑，在2015年长沙市开展的“拆违控违”整治活动中，多数家具作坊被强行拆除。Y镇家具企业主们的收益受到了巨大损害，他们不知道自己的企业将何去何从。以WJP为代表的Y镇家具企业主们认为，政府要合理疏导，为Y镇的家具产业找出路。家具企业主们形成的价值共识在整个项目起步策划过程中的冲突协调与解决方面起到了重要作用。

政府自上而下的价值输入：比企业主们更着急的是时任Y镇镇长的TWM。“拆违控违”对于家具作坊的冲击一定程度上导致了Y镇政府税收减少。由于家具产业“散、小、乱、差”的生产状态，Y镇作为中部地区较大的家具生产基地，其家具产业与国内其他地区的家具产业相比并不占有优势。再加上迫于打响蓝天保卫战的压力，T镇长深刻地体会到：Y镇的家具产业必须转型，不转型则无出路。为此，T镇长先后对Y镇家具企业进行了调研指导，并与政府相关部门进行座谈，探讨Y镇家具产业发展的出路。

政府与企业主的价值沟通：企业主们自下而上的价值表达以及Y镇政府自上而下的价值输入，两种共识如何有效沟通、协调，进而形成统一的价值共识成为项目建设顺利开展的前提。政府与企业的沟通主要在两个方面，第一个方面是如何解决Y镇的家具产业问题。T镇长与WJP的会面使得两个人的观点汇集到了一起。WJP认为Y镇可以建设家具产业聚集区来承接被拆的小作坊，并以此形成较大的集聚效应。此想法得到了T镇长的认同，这种方案既符合企业要求，也符合政府目标。第二个方面即在产业聚集区的建设方案问题上，政府通过政策引导与企业共同开创出了“两入两统两建”的建设方案，取得了价值共识。

2.2.2 基于“组织管理”维度的分析

相较于“社会价值建构”的维度，“组织管理”的维度主要侧重于实施操作，本部分将从家具产业聚集区项目的管理操作流程入手，从项目价值共识如何实现操作化成为具体的实施方案、绩效产出如何最大化等角度进行分析。

综观整个案例，不难发现，在后期的操作实施阶段，最终承担方案实施工作的是XC公司，在操作过程中涉及的主体主要是XH村、政府与外来投资商，而这三个主体所起到的作用是为XC公司提供资源。首先来看XH村，XH村5个村小组的村民通过与本村合作社——XH土地专业合作社签订委托合同，委托合作社代理5个组的村民进行土地入市，并每年获取分红。其次涉及主体为政府，在整个过程中，政府部门主要在集体经营性建设用地入市这一环节起到了政策的支持与引导作用。最后一个关键主体为外来投资商。随着项目的推进，建设用地指标费、“三通一平”等基础设施建设费以及向原花木园老板支付的违约金等各项开支不断扩大，加上原始股东因故退出，XC公司不得不对外招商引资变更股权结构，而股权结构的变更无疑对整个项目造成了最大的影响。

在整个项目建设过程之中，最为重要的资源在于土地，其次在于资本，政策在整个项目的建设过程中仅仅起到了一定的辅助作用。提供土地的主体——XH村村民及村小组虽然掌握了项目10%的股权，但是由于其市场意识不强，且主体过于分散，难以行使其股东权利，因此对于项目建设产生的影响极其微弱。抛开提供土地的主体村民，对于本项目建设影响最大的主体则为本项目引入的外来投资商，由于外来投资商最初并未参与项目方案的制订，因此并未形成与其他主体相同的价值共识。而随着项目的建设，外资引入逐渐增多，原有的价值共识逐渐破碎，使得XC公司内部形成了新的价值共识。新形成的价值共识是以市场原则为导向的，即以利益最大化为目标的。因此，在项目最终实施阶段，家具产业聚集区的定位最终转变为了工业地产。

2.2.3 基于“协同领导系统”维度的分析

协同领导系统在整个PV-GPG模型组处于连接绩效管理与绩效产出的关键位置，用以解决各种价值冲突以形成价值共识。在PV-GPG理论中，协同领导系统被划分为三个部分，分别是价值领导、愿景领导、效率领导。

2.2.3.1 价值领导——促成价值共识达成：在Y镇家具产业聚集区项目中，价值领导的作用结果就是形成了要建设、如何建设以及建设成什么样的家具产业聚集区的价值共识。这在整个项目的前期筹划阶段起到了重要作用。在价值领导层面，时任Y镇镇长的TWM以及Y镇家具企业主WJP起到了非常重要的作用，为价值领导者。T镇长通过召开部门座谈会等方式达成了政府各个部门内部的价值共识，WJP也通过走访调研等方式使得Y镇家具作坊主们形成了相同的价值目标。而WJP与T镇长的会面使得双方的价值目标相互交流融合，并最终形成了统一的价值共识——建设一个“两入两统两建”的家具产业聚集区。T镇长以及WJP的价值领导作用一定程度上消除了前期的价值冲突，为后期的方案制订以及方案操作奠定了基础。

2.2.3.2 愿景领导——制订价值共识达成方案：在形成价值共识之后，如何将这些价值共识转变为切实可行的实施方案，愿景领导在此时就发挥了作用，在愿景领导中发挥主要作用的仍为价值领导者——以T镇长为代表的Y镇政府以及WJP。以T镇长为代表的Y镇人民政府在此过程中所起到的愿景领导作用主要体现在引导XH村村民进行集体土地入市，解决项目的土地问题，即实现“两入”。WJP在其中所起到的作用主要体现在引导Y镇境内家具小作坊入驻聚集区，以实现“两建”、引导农民进行土地入市农民入股。除此之外，WJP负责建立XC公司，负责项目园区的基础设施建设问题，即“两统”。由此，在WJP及Y镇政府的领导下，结合XH村村民以及Y镇家具作坊主们的意愿，形成了“两入两统两建”的实施方案，并致力于实现“产业有效益、农民有收益”的“两有”目标。

2.2.3.3 效率领导——价值共识方案操作：在形成价值共识并制订好操作方案之后，想将体现价值共识的操作方案落到实处，就要发挥效率领导的作用。通过组织管理维度的分析，在项目方案操作过程中发挥领导作用的为XC公司，将此主体具象化的即为XC公司的股东们，他们主导着整个项目的走向。在前期，WJP任XC公司董事长并为大股东时，XC公司的价值导向仍为建设家具产业聚集区以解决Y镇境内的家具产业发展问题。但随着外来资本涌入XC公司，WJP的话语权逐渐被削弱并与其他股东产生价值分歧，最终退出项目。WJP退出后，家具产业聚集区的价值走向变为获得更大的利润，转型成了工业地产，因此也就有了案例最后从家具产业聚集区到尚东产业小镇的转变。效率领导的转变使得家具产业聚集区的定位发生了翻天覆地的变化，使得价值共识方案“两入两统两建”成为泡影。

综上所述，在Y镇家具产业聚集区项目的整个策划到建设过程中，之所以最终的实施效果与最初的目标严重偏离，主要原因在于方案操作阶段的扭曲。首先，在“社会价值建构”这一层次，通过政府与企业的沟通互动，双方形成了建设家具产业聚集区共同整治Y镇家具产业的价值共识。其次，在“组织管理”层次，政府、XH村及外来资本分别为XC公司提供了政策、土地与资金，整个项目的操作均是由XC公司按照市场化的操作方式进行运营，原本形成的价值共识此时早被抛之脑后，利益最大化成了XC公司项目建设的目标。最后，在“协调领导系统”这一层次，Y镇人民政府与WJP起到了很好的价值领导与愿景领导作用，在双方领导下形成了价值共识并制定了“两入两统两建”的项目建设蓝图，但是由于效率领导阶段的领导者为市场主体——XC公司，因此导致项目最终的操作背离了最初的目标与实施方案。因此，在项目绩效生成过程中，政府要在三个层次中加强自身的引导作用，并加强与相关主体的互动沟通，以确保政策目标的达成。

（执笔人：易晓、蔡庆鸣、张晓文、窦增瑞、单雅杰、李中仁）

长沙市岳麓区学士街道“小安大爱”基层安监新机制

摘要：学士街道“小安大爱”安监机制是以公众安全需要为中心的公共服务模式创新实践，以此解决群众办事难、办事慢、办事繁的安全民生问题，加快政府职能转变，创新政务服务提供模式。学士街道进行基层安全生产全域监管变革，通过线上“小安大爱”云服务平台统计安全隐患，线下职业安全员进行全天候“扫雷式”摸排、检查，双管齐下，并从组织层面、制度保障和专业队伍保障等层面来促使基层安监变革有效进行。自2015年初试，到2017年改革深入，“小安大爱”模式在实践中取得了较大成效，打破了部门间的信息壁垒，社区民众生产生活安全得到保障。

引　言

安全生产监管是我国面临的“老大难”问题，一直缺乏长期有效的机制与抓手。位于长沙西南入城口的学士街道属于典型的城乡接合部，辖区面积42.28平方千米，人口约12万。随着城市建设不断推进、产业要素不断聚集，安全生产形势日益复杂。当地首创“职业安全员”

队伍并利用云平台进行数据分析研究，做到对安全隐患心中有数，并倒逼各驻街职能部门整合资源形成监管合力，推动安全生产执法形成“一盘棋”的“全域”监管。这一创新探索，改变了传统的安全生产监管格局，颇具剖析与借鉴意义。

1.“小安大爱”安全监管机制实施的背景

根据国家安全监管总局印发的《国家安全监管总局印发〈化工和危险化学品生产经营单位重大生产安全事故隐患判定标准（试行）〉和〈烟花爆竹生产经营单位重大生产安全事故隐患判定标准（试行）〉的通知》（安监总管三〔2017〕121号）文件要求，明确规定重大事故隐患判定标准，“强化执法检查，建立健全重大生产安全事故隐患治理督办制度，督促生产经营单位及时消除重大生产安全事故隐患”。如今大数据飞速发展，传统的基层安全生产监管亟须紧跟时代的要求，如何探索出一条因地制宜“互联网+”模式的基层安监管理机制至关重要，也关系着人民生产生活的方方面面。学士街道“小安大爱”模式正是结合该街道特点，从制度层面推动基层安全监管能力建设，解决基层安全监管体制不健全、监管责任落实不到位、机构队伍不稳定、监管能力不足等突出问题，使基层安监机制朝着“规范化+网格化+信息化”发展。

学士街道辖区内生产经营单位点多、面广，原来仅配备4名工作人员，大部分时间是“救火队员”忙于处理当时发生的问题，被动式地按照上级要求开展季节性、行业性的专项整治行动，发生情况时不能从源头——机制和流程上做到早发现、早排查。过去，学士街道各职能部门单打独斗，没有集中管理检查安全生产的职能部门，监管力量少、事情多、任务重，监管“盲点”“漏项”难以杜绝。辖区内的安全信息没有实现共享，人力物力资源浪费；没有系统的数据记录，对辖区的安全隐患心里没有底等，一系列问题促使学士街道直面困难，积极创新改革。

安全生产关乎社会大众福祉，关乎经济社会发展大局，更关乎人民生命财产安全。基层安监一方面保障了各生产企业的安全生产，督促企业落实主体责任，让政府监管部门对安全生产监管做到心里有数，从事后应急管理向事前隐患防范转变；另一方面为社区居民生活保驾护航，在事故发生前消除隐患，食品安全、消防安全、城乡交通安全、文化教育安全等与人民群众日常生活相关的方面得到充分保障，使人民生活更加幸福安康。

2. “小安大爱”安全监管系统模式

2.1 综合化：“多部门联动”模式

“小安大爱”云服务平台拥有综合、全面、专业的组织结构，由街道工委书记总体指导，街道安监站站长实施监管。详见学士街道安全生产全域监管应用指挥中心组织架构图（见图 6.1）。

过去，监管人员分散在各个职能部门，各管一块，结果就是安全生产数据摸不清楚，实践中也可能更偏重应急管理。“小安大爱”云平台建立以后，能够实时反馈数据，即使不到工作现场，也能准确把握各项信息。

“小安大爱”云平台是以安委会为主体、以云平台为载体，全体安委会组成单位参与的大安全生产管理模式。以“互联网+”作为安全生产监管的创新手段，以促进安全生产信息的智能化、数据化为重点，搭建起数据化的安全生产监管系统，实现安全生产管理的全数字化和智能化，将安全生产管理工作做到机制化、流程化。由学士街道联合公安局、派出所民警、小区物业管理员等相关部门和人员，专门成立了学士街道安全生产全域监管应用指挥中心，且在 2017 年 4 月组建了综合性

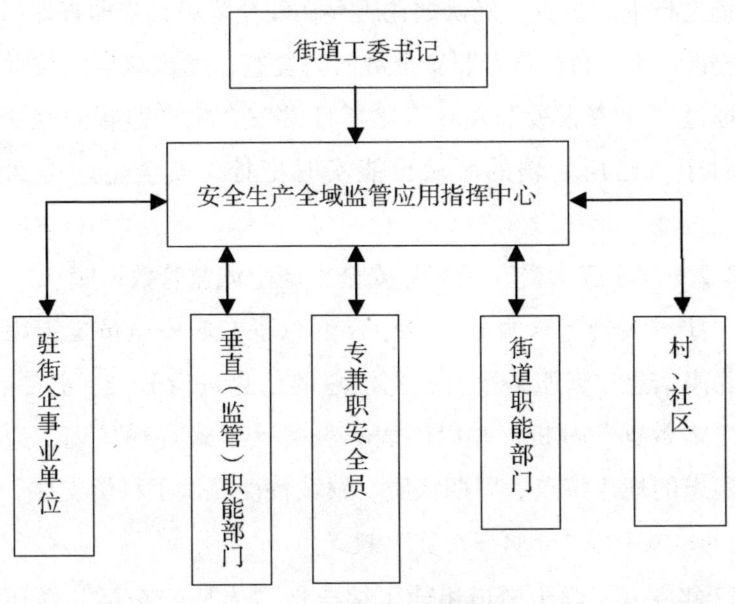

图 6.1　指挥中心组织结构

专职安全员队伍，对辖区安全生产隐患进行全天候“扫雷式”排查。

2.2　信息化：“云平台互动”模式

为了适应信息化时代、大数据时代人民满意政府建设需求，创新社会治理，最大限度方便群众办事，学士街道还建立了网络线上的“小安大爱”云服务平台全域监管和“小安大爱”App 作为技术支撑。

2.2.1　“小安大爱”App

“小安大爱”App 主要供专职安全员使用，专职安全员随时检查，随时上传某地区存在的安全隐患。有一次学士街道专职安全员到斑马塘社区大吉鑫星烟花店进行例行检查，发现该店灭火器数量少于相关规定，于是打开手机登录“小安大爱”App，向街道安全生产全域监管应用指挥中心云服务平台上报了该安全隐患。随即，指挥中心的大屏上亮起了这个烟花店的风险预警标志。3 个小时后，当地派出所的两名警察前往现场进行消防核查，确认烟花店存在安全隐患，当即督促门店负责人进行整改。3天后，该专职安全员前去复查，发现该店已按要求整改到位。通过“小安大爱”App简化了日常安全生产监管的程序，专职安全员对于自己所管辖的区域也能实时把控，安全生产得到进一步提升。

2.2.2 “小安大爱”云服务安全生产全域监管数据库

在“小安大爱”云服务平台中，汇总了专职安全员走街串巷巡查得到的隐患信息，云服务平台根据汇总的信息进行分类、分层、分线、分点的“大数据”分析，并以图表、表格等形式直观呈现，为有效挖掘安全隐患的规律特点、周期特质、领域特性提供了科学支撑。

2.3 专业化：“专职安全员”模式

2017年4月，学士街道组建了综合性“专职安全员”队伍，由街道一级专职安全员、各站所及9个社区（村）专职安全员共42人组成。这支独立向街道负责的“专职安全员”队伍，对辖区安全生产隐患进行全天候“扫雷式”摸排、检查，在街头巷尾只要发现安全问题，就在第一时间通过App将安全隐患以电子清单、图片数据的形式上传至“小安大爱”云平台指挥中心，并形成风险指数和分布图，相关部门需限时整改。

3. “小安大爱”安全监管机制的保障

3.1 组织保障

为做好“小安大爱”云服务，学士街道成立了以街道工委书记为主任、办事处主任为第一副主任的中心领导机构，以街道安监站站长为主任的安全生产全域监管应用指挥中心与队伍，主要负责基层安监整体工作运转。指挥中心每周召开周例会，每个季度召开季度例会。周例会由中心主任主持，总结上周工作，及时解决日常监管中发现的问题，布置下周工作任务；季度例会由街道办事处主要负责人主持召开，部署安全生产工作，研究安全生产重大事项，解决安全生产工作中的重大问题和薄弱环节。每次会议都由专人做好记录，形成备案。学士街道安全生产全域监管应用指挥中心还成立了包含5个具体工作岗位的专职人员，即平台超级管理员①、部门管理员②、村（社区）管理员③、专职安全员④和兼职安全员⑤。

3.2 制度保障

学士街道通过“多部门联动”“云平台互动”等方式实现对“小安大爱”基层安监的线上线下配合，同时出台的《学士街道安全生产全域监管应用指挥中心例会制度》明确规定了通过周例会和季度例会及时反馈日常监管中发现的问题，并就安全生产工作中的重大问题和薄弱环节商量解决方案且备案。为职业安全员量身定制的《安全员执法检查及隐患排查制度》和《专职安全员绩效考核办法（试行）》使专职安全员的工作有了制度保障，工作人员若违反了相关规定就会受到问责。

通过线上“小安大爱”云服务平台实时监控、线下专职安全员实施检查，做到安全生产的全域监管。线下专职安全员通过强化培训专业技能，在平台系统生成待处理隐患清单并进行派单交办，对职能部门、各村（社区）相应形成时效警报，同时向驻街单位上级部门及时通报。在汇总了专职安全员走街串巷巡查得到的隐患信息后，云服务平台进行

① 负责云服务平台系统维护和管理，整理平台内安全检查信息情况并形成考核通报信息。

② 各业务部门根据业务内容认定安全责任模块，并负责监督落实责任模块内的安全检查，配合平台超级管理员形成考核通报信息。

③ 接受监督，配合检查，及时反馈信息。

④ 8个安全网格，每个网格至少配备1名专职安全员，通过云服务平台的安全员手机端App进行安全检查工作，所以安全检查形成文书内容。

⑤ 负责网格点内信息的采集与管理，及时检查，监督整改并反馈信息。

分类、分层、分线、分点的“大数据分析”，并以图表、表格等形式直观展现，为有效挖掘安全隐患的规律特点、周期特质、领域特性提供了科学支撑。

3.3 专业队伍保障

学士街道安全生产全域监管应用服务中心建立的“专职安全员”队伍，由9名专职安全员和具有流动性的9名兼职安全员组成，他们分安全网格进行安全检查工作。专职安全员执法检查采取日常检查和定期检查相结合的方法，重点排查整改事故隐患。学士街道还颁布了安全生产全域监管的“三必须”“四到位”工作要求，“三必须”：检查必须按固定格式（文书）逐项进行；收到平台信息（提醒）必须48小时之内回复（应）；整改回复必须包含明确时限、具体措施。“四到位”：对经营单位信息采集覆盖到位；对经营单位安全检查执行到位；对经营单位日常服务到位；对不合格单位整改事项监管监督到位。

为了强化对安全生产责任的考核，学士街道利用云服务平台痕迹化管理的统计结果，对平台中心、职能部门（村、社区）以及专职安全员三个层面进行绩效评估，各层面工作成效直接关系季度、年度考核情况，全面发挥绩效考核的激励作用。

4. “小安大爱”安全监管机制实施成效

4.1 政府及相关部门的职能充分发挥

4.1.1 专职专员，监管到位

“小安大爱”信息平台配备了42名专职安全员，经过系统培训后，各领一片责任区，每天拉网式排查责任区内食品药品安全事项，实时将发现的问题和取证图片等信息通过手机终端上传至安全监管平台。信息平台根据安全员反馈的问题，自动建立安全隐患档案，并将问题门店所在地标注在地图上，生成“安全隐患地图”，点位存在的问题、责任整改负责人、整改时限等信息一目了然。

在这种模式的监管下，执法也变得精准化。信息平台将隐患整改交办单以报警信息的形式发送至执法人员手机终端，由执法人员 48 小时内上门执法，对发现的问题进行责令整改或立案查处。

最后，信息平台将执法人员的处理信息反馈至安全员，由安全员再次上门对问题整改情况进行复查，核实后才上报信息平台将该项安全隐患“清零”。该平台的运行，使有限的监管力量做到了有的放矢、精准监管，有效提高了食品药品监管的效率，实现了安全隐患“露头就打”。

云服务指挥中心的 9 位“专职安全员”对辖区内的重点行业领域进行“扫雷式”排查，发现隐患第一时间利用手机 App 将隐患问题曝光至云平台，云平台自动分拣、主动派单至各职能部门、村（社区）负责人手机，方便其及时掌握隐患，快速敦促生产经营单位整改隐患。若 48 小时内未进行响应，系统会再次发送提醒，2 位平台座席员同步进行电话通知，让安全生产监管更精准、更有效。

4.1.2 “互联网+”深度“解码”

发现防范“未知隐患”，预警消除“苗头隐患”，处置补救“已知隐患”……专职安全员走街串巷跑出来的庞杂信息，通过云服务平台的“深度解码”，发挥了安全生产监管传统手工台账无法企及的作用，为有效挖掘安全隐患的规律特点、周期特质、领域特性提供了科学支撑。

“系统运行以来，需整改隐患清单包括：食品安全 341 个，工商安全 205 个，消防安全 157 个，文化教育安全 26 个，特种设备安全 3 个，高危行业安全 1 个，液化气安全 1 个，在建工地安全 1 个。”点开指挥中心云服务平台大屏幕，辖区内所有生产经营行为的基础信息与日常安全生产监管数据自动汇总形成“大数据”，并以图示化的红、黄、绿风险点等形式醒目地“跳”了起来。

“大数据”反馈结果可直观反映一个区域的安全生产形势，为有效挖掘安全隐患的规律特点、周期特质、领域特性提供了科学支撑，同时，也可以为作为安全生产第一责任人的党政一把手提供有力的决策数据。

如今，2.0 版本的“小安大爱”融安全生产全域监管应用服务中心、社会综合治理快速反应服务中心为一体，构建起学士街道“大平安”的格局。

4.1.3 群防群治，街所联动

“满足人民群众对平安的最小要求，用实际行动给予人民群众最大的关爱，予民平安即大爱。”“小安大爱”群防群治模式，将街道与派出所整合在一起。在该体系下，街道“小安大爱”指挥中心可以调动民警、巡防队员、治安志愿者、楼盘物业保安等资源，整个巡防力量达 1500 人。

“呼叫指挥中心，联丰村地段因施工失误导致一坟墓破坏引发阻工，民警已处置好现场冲突，请增援人员跟进调解纠纷。”2019 年的一个夏日，学士街道“小安大爱”指挥中心收到 110 民警的增援请求。指挥中心值班人员立即根据纠纷种类，安排街道司法所、社区治保、治安巡防等相关部门人员赶赴现场。10 分钟后，学士街道工委委员、武装部部长带着调解人员到达，出警民警介绍完情况后撤离。

随后，一场多部门参与的联动调解就地举行。调解过程中，工作人员耐心听取了纠纷双方当事人的陈述，充分了解事情发生经过，并从法、理、情的角度进行了细致分析。经过几轮调解，双方当事人达成调解协议，一个可能引发社会不安定的隐患被消除。

这是一种触发式的街所联动机制，如果派出所出警民警当场解决不了纠纷，街道就会调集多元力量介入调解。基层警力不再为非公安类警情疲于奔命，同时又让纠纷的处置更符合法律规范，更加务实有效，还能把隐患消除在萌芽阶段。自“小安大爱”模式推行以来，学士街道的治安形势显著好转，法治建设成果明显。

学士街道社会治理创新的探索并未就此止步。除了治安，消防、食品、生产等安全问题也是涉法纠纷的重点。街道以岳麓区委、区政府提出的安全生产“隐患清单、安全责任、长效管理”三大体系为遵循，以“实战、实用、实效”为导向，对“小安大爱”指挥调度中心进行了软件提质和硬件升级。

4.2 社区的安全隐患得以全面有效排查

4.2.1 重应急管理转向重隐患防范

安全生产关乎社会大众权利福祉，关乎经济社会发展大局，更关乎人民生命财产安全。党的十八大以来，党和国家高度重视安全生产，把安全生产作为民生大事，纳入全面建成小康社会的重要内容之中。

街道是安全生产工作的最前沿，也是安全生产监管工作的薄弱环节，更是安全生产基层基础建设的重点。

防患于未然，就是要把隐患当事故对待！综合性专职安全员队伍成立以后，对辖区安全生产隐患进行全天候“扫雷式”排查。在街头巷尾只要发现安全问题，立即通过 App 反馈至“小安大爱”云平台，相关部门需限时整改。专职安全员根据中心制定的标准工作流程，在各自辖区内精细化开展全覆盖摸排、检查。

专职安全员邓某专门负责斑马塘社区的安全生产。“246 家门店，6 个楼盘，8 个在建工地。”该专职安全员打开自己的手机，里面有一本清清楚楚的台账，经营范围、电话、地址等情况一目了然，这是他一条条街、一家家店跑出来的。“以前是被动接单，现在是主动上门。虽然更忙一点，但心里有底，踏实多了。”这位从街道综治办转岗过来的专职安全员说。在排查过程中，专职安全员需要在第一时间用手机将安全隐患以电子清单、图片数据的形式上传至云服务平台。

4.2.2 从单打独斗转为“合作一盘棋”

全领域既表示街道范围内安全生产监管全覆盖，也指“全能选手”专职安全员负责各个安全领域，还意味着倒逼各驻街职能部门以整合资源形成工作合力。

“一支队伍熟悉多种业务，一次排查采集多方问题。”在学士街道，专职安全员个个都是“全能选手”，消防、高危行业、食品、在建工地、特种行业、液化气、文化教育、农业、环保等13项安全生产内容在每天的检查中都可能遇到。“含浦路的××超市发现过期食品，没有按要求配备灭火器”，“联丰村的××狗肉店没有合法有效的《食品经营许可证》、没有提供供货商资质”……在指挥中心的大屏幕上，随便点开一个专职安全员的台账，都能看到原本需要多个职能部门才能完成的检查事项。

为提升专职安全员的专业技能，街道聘请专业安全生产教师，就操作规程、应急救援、事故隐患排查、重大危险源监控等各类安全检查门类，分块分线进行强化培训。在安全生产全域监管应用云服务平台的工作流程中，专职安全员处在绝对核心地位，因为他们既是信息员，又是检查员，还是监督员——原本“单打独斗”“九龙治水”式的安全生产监管格局因此被改变。

2017年11月16日，某专职安全员来到学华村的××仓库进行检查。燃气经营许可证、储备台账、车辆运输资质、灭火器……按照液化气安全检查六大类30项标准流程，经过一项项认真核查后，最后发现一个问题：瓶库内虽然装有可燃气体浓度报警器，却没有接通电源，也无人值守。该专职安全员当即打开手机，在云服务平台上报了隐患信息。就像微信模板上的未读信息，云服务平台相关人员的手机上瞬间弹出红点提醒。当天11时39分，学华村安全员胡某便上门督促老板整改。12时07分，街道安监办主任在平台上回复，请街道城建办郑某上门核实情况并处理。16时35分，城建办联合学华村安全员上门调查核实，并迅速向岳麓区燃气管理部门上报。

平台系统自动生成待处理隐患清单进行派单交办，并对职能部门、各村（社区）相应形成时效警报，同时向驻街单位上级部门及时通报。一个隐患就像一个"地雷"，哪个环节没有处理好引爆了，是哪个环节的责任平台上看得一清二楚，这样就形成了"责任倒逼、数据倒逼、情势倒逼"的工作格局，既有助于在街道内设各部门实现资源整合，又推动了公安、消防、工商等垂管职能部门与街道共下安全监管"一盘棋"。

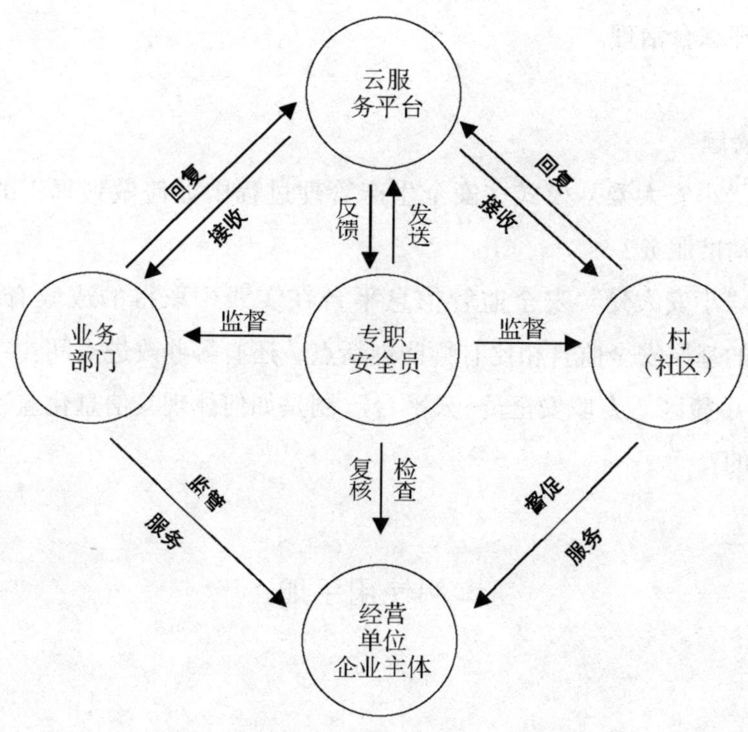

图6.2 闭环工作流程

结束语

学士街道针对监管对象多、分布散、任务重、难度大的实际情况，采取“试点先行、总结提升、推广运用”的方法，积极探索信息化监管新模式，构建的“小安大爱”安全监管信息平台，使监管更为精准、整治更加有力、安全更有保障。“小安大爱”云服务平台改变了传统的安全生产管理模式，建立了一套全数字化的“大安全”生产管理系统，安全生产管理一切用数据说话。进一步推进了平安建设和社会管理创新工作，促进了平安建设活动深入开展，引导和鼓励全社会共同支持参与社会管理综合治理。

思考题

1. “小安大爱”模式在安全生产管理过程中如何做到真正的全域监管、精准服务？

2. “小安大爱”安全监管信息平台在实践中取得的成效有哪些？与传统的基层安全监管相比有哪些创新点，还有哪些改进空间？

3. 岳麓区“专职安全员+云平台”制是如何体现其信息化监管的服务理念的？

案例使用手册

1. 知识要点

1.1　服务型政府理论

服务型政府理论指出，一个政府是否属于服务型政府的根本依据是公共服务当中的政府与公民的关系①，要以公民作为立足点和出发点。党的十八大报告指出：“建设职能科学、结构优化、廉洁高效、人民满意的服务型政府。”这一论述，为服务型政府究竟是什么样的形态确立了四大标准和四大目标，即“职能科学、结构优化、廉洁高效、人民满意”。学士街道“小安大爱”安全监管模式以岳麓区委、区政府提出的安全生产“隐患清单、安全责任、长效管理”三大体系为遵循，各业务部门根据业务内容认定安全责任模块，并负责监督落实责任模块内的安全检查，配合平台超级管理员形成考核通报信息，以“实战、实用、实效”为导向，对“小安大爱”指挥调度中心进行了软件提质和硬件升级。

1.2 治理理论

共同治理是指在公共生活过程中，政府、企业、非政府组织、公民个人共同在参与公共管理的实践中发挥各自的独特作用，组成和谐、有序、高效的公共治理网络的一种公共管理模式。共同治理正是一种鼓励利益相关者积极参与立法和决策的治理模式，它搭建了一个平等对话的平台，从而有利于有效维护公民个人以及各共同体的利益。② 学士街道“小安大爱”安全监管模式“多部门联动”“云平台互动”等方式实现对“小安大爱”基层安监的线上线下配合，构建“小安大爱”群防群治模式。在该体系下，街道“小安大爱”指挥中心可以调动民警、巡防队员、治安志愿者、楼盘物业保安等资源，整个巡防力量达1500人，学士街道安全监管实现从1.0到2.0版的全面升级。

1.3 大数据理论

大数据理论是伴随互联网的快速增长而出现的，大数据不仅体现在

① 刘熙瑞．服务型政府——经济全球化背景下中国政府改革的目标选择［J］．中国行政管理，2002（7）：5-7.

② 翟羽佳．共同治理：新公共服务理论视域下我国政府治理的创新模式［C］．中国行政改革论坛，2013.

“大”，其价值更体现在数据背后潜在的趋势和走向，大数据为知识的转化，以及趋势的分析提供了依据。通过数据分析应对可能出现的问题，对问题作出正确的反应。大数据侧重讨论“是什么”的问题，尤其是大数据侧重寻求失误背后的相关因素及关联项，通过分析工具，去预测未来的行为发展及未来失误的趋势。由于绝大多数的传统数据所具有的半结构化和非结构化，提取这些数据对其进行分析就会产生许多困难，而大数据可以改善流程，通过云计算的平行分散技术等，使半结构和非结构化的数据能够正常分析。

2. 案例分析要点

2.1　岳麓区学士街道“小安大爱”安全监管机制的形成

通过改变传统的安全生产管理模式，建立一套全数字化的“大安全”生产管理系统，将各部门各业务模块的日常安全生产工作做到常态化、机制化。

2.1.1　背景

根据国家安全监管总局印发的《国家安全监管总局印发〈化工和危险化学品生产经营单位重大生产安全事故隐患判定标准（试行）〉和〈烟花爆竹生产经营单位重大生产安全事故隐患判定标准（试行）〉的通知》（安监总管三〔2017〕121号）文件要求，明确规定重大事故隐患判定标准，“强化执法检查，建立健全重大生产安全事故隐患治理督办制度，督促生产经营单位及时消除重大生产安全事故隐患”。

过去学士街道各职能部门单打独斗，没有集中管理检查安全生产的职能部门，监管力量少、事情多、任务重，监管“盲点”“漏项”难以杜绝。辖区内的安全信息没有实现共享，人力物力资源浪费；没有系统的数据记录，对辖区的安全隐患心里没有底等，一系列问题促使学士街道直面困难，积极创新改革。如今大数据飞速发展，传统的基层安全生产监管亟须紧跟时代的要求，如何探索出一条因地制宜的“互联网+”模式的道路进行基层安监管理至关重要，也关系着人民生产生活的方方面面。

2.1.2 发展路径

2015年天津爆炸事件向我们敲响了安全警钟，同年8月15日，长沙市岳麓区学士街道启动“小安大爱”创建季活动，并加大对辖区安全检查和监控力度。这种监管方式将街道与派出所整合在一起，构建“小安大爱”群防群治模式。2017年4月，学士街道组建了综合性“专职安全员”队伍，由街道一级专职安全员、各站所及9个社区（村）专职安全员共42人组成。这支独立向街道负责的“专职安全员”队伍，对辖区安全生产隐患进行全天候“扫雷式”摸排、检查。

2.1.3 创新模式

综合化：学士街道将原来分布在各部门的办事服务事项，通过“多部门联动”“云平台互动”等方式实现对“小安大爱”基层安监的线上线下配合，通过线上“小安大爱”云服务平台实时监控、线下专职安全员实施检查，做到安全生产的全域监管。

信息化：专职安全员在走街串巷巡查得到的隐患信息后，只要发现安全问题，就在第一时间通过App将安全隐患以电子清单、图片数据的形式上传至“小安大爱”云平台指挥中心，并形成风险指数和分布图，相关部门需限时整改。真正实现安全生产工作从事后补救为主向以事前预防为主的“全前置”理念转变，实现安全生产工作从“三责清单”手工台账向现代科技创新的“全信息”效能转变。

专业化：学士街道“小安大爱”云服务平台拥有综合、全面、专业的组织结构，由街道工委书记总体指导，街道安监站站长实施监管。实现了安全生产工作从单线作战、纵向处置模式向综合调度、纵横联动的“全领域”安全监察服务模式的转变。

2.1.4 成效

学士街道“小安大爱”安全生产全域监管系统通过以“互联网+”作为安全生产监管的创新手段，以促进安全生产信息的智能化、数据化为重点，搭建起数据化的安全生产监管系统，实现安全生产管理的全数字化和智能化，将安全生产管理工作做到机制化、流程化，防患于未然。

2.2 “小安大爱”安全监管机制所面临的主要问题

2.2.1 前期信息采集和单位认领的障碍

由于前期平台建设不完善，平台运作存在不足，使用效率低下，推广亦存在较大的局限性，“小安大爱”App的使用率较低，从而也就造成了安全信息采集的片面性。同时，由于平台建设需要经费的支持，在推广此平台时单位经费批准流程存在部分阻碍。

2.2.2 平台自身流程和机制的限制性

由于各部门工作方式发生了较大转变，工作人员以前既是裁判员又是运动员，现在用平台来全方位操作安全隐患工作，工作进度在流程和机制上受到了限制。由于平台的不限时运作机制，工作人员在采集信息时的工作时间转为7×24小时制，无形之中增大了工作量。

2.2.3 相关制度规章不健全

“小安大爱”是新型安全管理模式，制度建设是一个长期的过程，这也就形成了“小安大爱”的相关规章制度建设尚跟不上步伐的局面。

（执笔人：刘茜、单湘丽、曹鑫、付延妮、周海康）

信息惠民——株洲市荷塘区“一门式”政务服务[①]

摘要：株洲市荷塘区政府用两年多的时间进行了一场艰难而深刻的“一门式”政务服务改革，线下建立了政务（便民）服务中心大厅，线上建立了“e+政务服务体系”，借此解决群众办事难、办事慢、办事繁的问题，打破部门间的信息壁垒，节约行政成本，加快政府职能转变，创新政府政务服务提供模式，更有效提高了政务服务效能和社会公共服务的精准水平，满足了群众多样化的需求。

引　言

株洲市荷塘区于2016年建立了“一门式”政务服务系统，覆盖了区、街道（镇）、社区（村）三级，线上线下功能互补、相辅相成，逐

① 本案例入选2019年湖南省研究生优秀专业案例（湘教通〔2019〕370号），获得“案例中心杯”第二届中国研究生公共管理案例大赛优秀奖，湖南省第三届MPA案例大赛二等奖，收入《湖南省公共管理硕士案例大赛优秀案例集（2017）》，本文已作修改。

步实现了自然人服务事项的“一号办、一窗办、一网办、一门办、马上办、全区通办”。

1. 荷塘区“一门式”政务服务实施的背景

1.1 “互联网+”时代的到来

2015 年 7 月 4 日，国务院印发《关于积极推进“互联网+”行动的指导意见》。李克强总理在 2016 年 3 月 5 日“全国两会”上所作的《政府工作报告》中指出：“大力推行‘互联网+政务服务’，实现部门间数据共享，让居民和企业少跑腿、好办事、不添堵。简除烦苛，监察非法，使人民群众有更平等的机会和更大的创造空间。”2016 年 4 月，国务院即出台了《推进“互联网+政务服务”开展信息惠民试点的实施方案》，阐述了“互联网+政务服务”建设的总体思路、主要任务、实施步骤。此后，全国各地开展了系列探索。

1.2 政府职能转变的新要求

2017 年 9 月，在国务院召开的全国深化简政放权放管结合优化服务改革电视电话会议上，李克强总理指出：“党的十八大以来，以习近平同志为核心的党中央把转变政府职能作为深化经济体制改革和行政体制改革的关键”，“始终抓住‘放管服’改革这一牛鼻子，坚韧不拔地推进政府职能转变”，“把企业和群众的痛点、堵点、难点作为改进政府服务的重点，大力推行涉企涉民的事项尽可能网上办，让信息多跑路、群众少跑腿。”

1.3 群众的新期盼

传统的行政审批制度下，群众办出生证要找计生部门，办身份证要找公安部门，办营业执照要找工商等部门，这就造成了老百姓“办事难”“办事慢”“办事繁”，具体表现为以下四个方面：一是多窗跑，百姓只想办一件事，往往需要往返于多个窗口。二是时间长，老百姓在办事时，往往无法当场解决事情，所需要的时间周期比较长。三是重复提交材料，老百姓办事时，不同的部门需要同一份材料，无形中增加了负担。四是办事流程不透明，政府服务缺少标准化流程，老百姓无法获取完整的公共信息。

在上述背景下，株洲市荷塘区的“一门式”政务服务系统应运而生。

2. 荷塘区“一门式”政务服务系统创新模式

2.1 综合化：“化零为整”

荷塘区梳理整合了残联、民政局、人社局、教育局、城管局、城建局、民政局、文体旅局、食药监、卫计局等12个部门的279项区内自然人审批服务事项，将其全面纳入“一门式”系统，将分散在各部门的政务服务和审批事项集中到政务（便民）服务中心，在全区建立了区、街道、社区实体政务（便民）服务大厅42个，将原来散落在各部门的办事服务事项，全部集中到三级政务（便民）服务中心办理，借助互联网把政务中心大厅的服务延伸到社区（村）一级，把与居民生活息息相关的民生类服务事项下放、前移到社区便民服务中心办理。将原来以部门业务划分的“专项业务办理窗口”合并为“综合受理窗口”，对进入“一门式”系统的全部事项实行“一窗受理或办理”。群众办事基本消除部门概念和层级关系，改变以往每办一项事务需要跑若干个部门签字盖章的情况。民办幼儿园办学、老年证、生育证、养老保险、工商执照等原来分散在教育、民政、工商等职能部门的审批事项，现在只要进任何一“门”、到任何一“窗”，就可以办理全部政务服务事项。同时，将30项审批和服务事项下放到乡镇，56项审批和服务事项下放到社区。纳入“一门式”政务服务系统受理的事项中，优化办结时限66项，其中办结时限缩减一半以上的有45项，12个事项由群众需跑两次才能办结到来一次当即办结。

2.2 信息化："线上联动"

为了适应信息化时代、大数据时代的需求，荷塘区建立了网络线上"e+政务服务体系"平台，由"一门式"政务服务系统大数据库、"自治家园"大数据系统和"智慧荷塘"App三个部分作为技术支撑。

2.2.1 "一门式"政务服务系统大数据库

该数据库的建设是在充分尊重各部门系统的相对独立性和完整性的前提下，利用互联网技术，运用系统虚拟跳转的方式，将来源于群众此前在办事过程中提交的材料信息、各业务部门的政务信息，变成全区性、能共享的民生信息数据库。

2.2.2 "自治家园"大数据系统

"自治家园"是按照社区网格化管理模式，以人口、房屋以及公共设施等基本信息为基础，整合民政、计生、劳动等延伸到社区的政务系统和其他各类信息资源，搭建的居民和管理服务机构之间的沟通互动平台。全区33个社区91708户，由党员志愿者、楼栋长、居民小组长、物业、辖区企事业单位、信息员等各方人员，对居民的姓名、性别、国籍、民族、出生日期、身份证号码、户籍地址、居住地址、联系方式、家庭成员、就业状况、工作范围、婚姻状况、文化程度、户口性质、住房类型、所属网格以及备注共18项类目组成的基础数据进行采集，然后再将采集到的信息汇总纳入"自治家园"后台系统，从而变"群众跑路"为"信息跑路"，形成各类政务信息无障碍互通互联的大数据库。

2.2.3 "智慧荷塘"App

"一门式"系统中，对每一个事项的办理都进行了管理系统的时间限定，办事申请的材料进入系统后，会把流转时间精确到分、秒，如果是超过期限未进行办理，系统将会提示经办人并提出警告。每位到政务

(便民)中心的群众会拿到一张回执单，通过“智慧荷塘”手机 App 扫描回执单上的二维码，就能清楚地查询到办事的进程和结果。在去政务(便民)中心办事之前，群众可以提前在“智慧荷塘”手机 App 中查找办理资料清单，并且提交部分材料，一旦资料有误，工作人员会反馈提醒。高龄老人身份认定年限、企业退休人员领取养老金资格认证、申请《生育服务证》这三个办理量大、办理程序简单、办理群体特殊的事项，在“智慧荷塘”手机 App 上线之初就能让群众利用手机在家即刻办理。

2.3　专业化：“各司其职”

荷塘区政务(便民)服务中心工作的综合性，要求窗口工作人员必须由“专项业务能手”变为“综合业务能手”。于是，荷塘区创新推行政府雇员制，由政府面向社会高薪公开选聘窗口工作人员，按照初级、中级、高级雇员三个层级，参照公务员和事业单位的工资标准进行精准绩效考核。经过初步选拔之后，对拟在区、街道(镇)、社区(村)三级服务中心综合窗口工作的人员，集中进行强化培训，每周组织学习考试，分 A、B 班学习系统操作、业务政策和办理流程。

此外，荷塘区还创制了“业务首席代表”制，从每个业务部门和镇街办事处挑选两名业务能力强的骨干，作为部门审批的首席代表，把原来分割在单位“一把手”和副职手中的审批权，集中到首席代表身上，两名首席代表后台轮流值守，不需要和办事群众接触，工作流程标准化，实现“认流程不认面孔，认标准不认关系”的无差别审批。

荷塘区“一门式”政务服务系统借助信息技术，将各方面的资源整合，设定业务标准，再造办事流程，实现“前台一窗受理、后台协同审批、行为全程监控”的运行模式，打造了“互联网+”综合化政务服务系统，优势更加明显。

3. 荷塘区“一门式”政务服务系统保障机制

3.1 组织保障

为支持“一门式”政务服务改革，株洲市荷塘区成立了以区委书记任政委、区长任组长的改革领导小组，主要负责整体设计自然人行政审批制度改革。成立了综合协调组、可研立项组、招投标组、事项梳理组、场地设施组、信息化支持组、宣传组、人员培训组，并明确了各个工作组的主要职责。其中，事项梳理小组由荷塘区纪委书记牵头，区编办、区法制办、区政务服务中心组成，主要负责梳理所有审批服务事项，确定“一门式”政务服务体系的具体服务事项以及整个审批流程。人员培训组负责对区、街道（镇）、社区（村）三级服务中心综合窗口工作人员进行强化培训，每周组织学习系统操作、业务政策和办理流程。

3.2 制度保障

荷塘区主要通过信息化技术实现对“一门式”政务服务的线上监督，线下相配套的《荷塘区“一门式”政务服务问责办法（试行）》也随之出台。线上监督打破了时间与空间的局限，拉长了监督的链条，也避免了人为干扰的主观因素。线下为荷塘区“一门式”政务服务系统“量身定做”的《荷塘区“一门式”政务服务问责办法（试行）》指出，工作人员若违反了相关规定就会受到问责。线上线下相互配合的问责机制有效地保障了“一门式”政务服务系统的健康发展。

3.3 线上监督

荷塘区推行了电子监察系统，将纪检监督与互联网技术接轨。对内，通过电子监察平台，实现对事项办理的全流程监控、工作人员服务行为的全过程监控。如果事项超期未办，系统就会自动进行提示，对经办人发出警告，由纪委监察部门直接介入。对外，荷塘区还推行了

“智慧荷塘”手机App与线下的政务服务中心信息联动，在政务中心办事的群众都会拿到一张回执单，通过“智慧荷塘”扫描回执单上的二维码即可清楚地知道自己所办事项的进度，保证了办事过程透明化，对事项的办理起到督促作用。

此外，株洲“马上就办”办公室主办、株洲新闻网承办的“马上就办、真抓实干”网络问政平台的上线进一步推进了线上外部监督。居民可以通过登录该平台对株洲市79个部门、10个县市区政府、25个企事业单位进行直接的建议和提问。市民提出的问题按照复杂程度，被分成5个等级。一般情况下，普通问题需在一天之内解决；相对复杂的投诉需在3天到5天之内给出答复；重要问题必须在5个工作日内办结；需要一定时间办结的，必须在5个工作日制订详细实施方案，自上而下层层分解任务，限时办结；情况特别复杂的，不能超过15天答复，否则将被问责。

3.4 线下监督

在荷塘区，每个“一门式”综合窗口都设置了服务评价器，咨询台摆放了意见簿，畅通群众意见反馈渠道，随时接受社会监督，扎实推进职业道德建设工作；依托12345市民服务热线，定期通过电话回访、现场回访等方式开展满意度调查，对回访中群众对各窗口提出的要求及建议限期作出明确答复，确保群众的诉求有回应、有解决措施。

2016年11月2日，荷塘区政府颁布了《荷塘区“一门式”政务服务问责办法》，针对荷塘区“一门式”政务服务系统中可能出现的失职问责情况进行了详细的分类（见图7.1）。

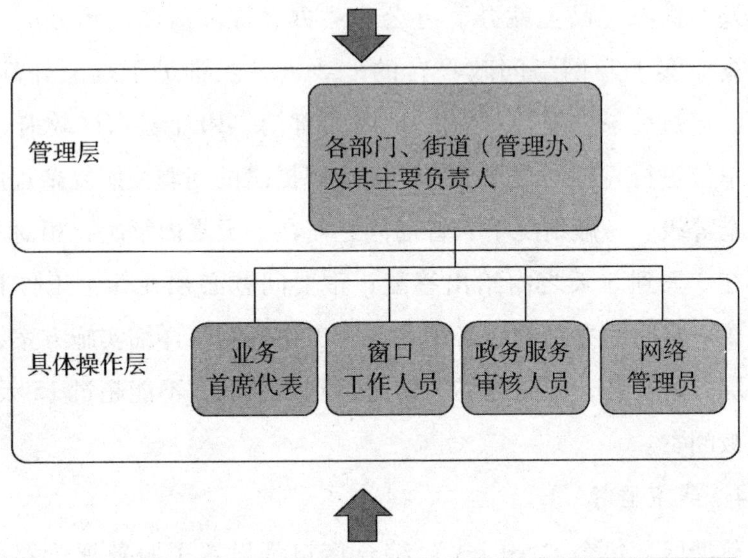

图 7.1　各类人员问责方式

《荷塘区“一门式”政务服务问责办法》坚持“分级负责、痕迹追踪、有错必究、问责必严”原则，同时厘清了相关人员的责任。各单位主要负责人对“一门式”政务服务承担全面领导责任，首席代表承担主要领导责任，“一门式”窗口工作人员或单位审核人员承担直接责任，网络管理员对“一门式”政务服务系统网络和设备维护运行承担直接责任。若相关人员违反规定，则按照《荷塘区“一门式”政务服务问责办法》对直接责任人按情节轻重作出相应处罚。“一门式”政务服务问责工作从此有了正式依据。

4. 荷塘区“一门式”政务服务的实施成效

4.1 政府服务效率得以提升

4.1.1 工作流程“化繁为简”

荷塘区政府对全区所有的办事服务事项进行逐一清理、再造流程，除法律有明确规定、国务院有行政法规或行政法令、省级有地方行政法规的外，其他事项一律彻底取消、合并或优化，将人力资源和社会保障局、民政局、卫生计生局、残联、教育局、城建局、城管局、文化体育和旅游局、工商局、食品药品监督局、安监局、农村工作局共 12 个部门的 277 项审批服务事项全面纳入“一门式”系统进行受理，优化办结时限 73 项，其中办结时限缩减一半以上的有 45 项，优化受理层级 51 项，将审批时限和流程压缩到最短、最简。

自 2016 年 1 月 18 日“一门式”政务服务系统上线到 8 月 31 日，全区综合服务信息平台共办理业务 33599 件，即办件比例为 67.97%。其中，桂花街道办事处业务受理 2773 件，茨菇塘街道办事处业务受理 6233 件，金山街道办事处业务受理 1745 件，宋家桥街道 2252 件，月塘街道 3228 件，合泰管委会 544 件。总体来看，自“一门式”系统上线以来，荷塘区政务中心共接待群众 15 万余人次，累计受理业务 115769 件。政务服务工作流程的“化繁为简”，根除了过去流程设置中“免责为前提”的固有心态和“官本位”的思想弊病，有效改善了原来审批过程中部门互设前置条件的问题。

4.1.2 数据共享、层级互通

荷塘区“一门式”政府服务改革之前，居民在各办事部门进行相关业务办理时都需自己携带各种证件，因证件种类繁多复杂，带证不齐全、少带、漏带以及对办事流程不清楚导致的“跑空趟”情形时有发生。另外，如果需要办理的业务涉及多个层级的政务部门，则需要准备多份文件，而多次审核、存档的重复性工作就导致老百姓“来回跑”“重复跑”。因此，荷塘区推进“自治家园”大数据库建设，与“一门式”政务服务系统大数据库匹配融合使用，有效地实现了各类政务信息的数据共享。一方面，它为政务服务系统办事服务提供信息比对和调用；另一方面，通过数据沉淀，凡是能通过网络核验的信息，不需要其他单位重复提供，老百姓办事不用在多个层级和部门来回跑动、反复提供材料，大大减少了办事时间成本。例如，“正常退休待遇核定”由1个月缩减为7个工作日，“残疾人证补办、等级变更”由7个工作日提速为即办……不仅为政府的精准服务和决策提供了数据基础，也减少了政府服务成本并提高了政府服务的效率。

4.1.3 综合窗口、部门协同

荷塘区“一门式”政务服务系统将各办事窗口的“专项门”职能扩大到能同时办理系统内所有政务的“任意门”窗口，实行“一窗受理”、部门互济的服务模式。将“前台一口受理”和“后台协同办理”纳入一个整体系统，将各政务部门的协调合作发挥到最大限度，实现人力、时间等各种政务资源间的合理调配，最大限度地实现了部门间的协同，因而在具体实践过程中很大程度上解决了之前存在的某些窗口出现“排队长龙”而另外一些窗口“门庭冷落”的局面。政务服务模式的转变打破了传统的各政府部门各司其职、分工办理各部门相关业务的惯例，对于一些需要跨部门办理的政务，老百姓可一次、即时办理好，而不用在各相关部门间再走多遍程序。

4.1.4 注重培训、打造“通才”

荷塘区实行的“一门式”政务要求工作人员必须由“专才”转变

到“通才”，即工作人员需熟悉所有部门政务的处理流程及其具体事宜。为此，荷塘区政府展开了基层工作人员从“单项运动员”到“全能运动员”的集中培训。通过改革和培训后，任一窗口都能受理所有事项，办事效率明显提升，部门和人员懒政现象得到明显改善。窗口工作人员业务受理量最高为 1339 项，日均 19 项；最低受理量为 1093 项，日均 15 项；平均受理量为 1225 项，日均 17 项。“通才”式的人才要求实现了人员的精减，促进了事务办理的均衡分配。

4.2　百姓的多样化需求得到满足

4.2.1　转变思路实现用户导向

荷塘区“一门式”政务服务系统贯彻用户导向的理念，在服务方式上实现了“一次办”服务，群众到政务服务中心办理只需要来一次即可办理成功，需要二次区间的可由政务中心采取挂号邮寄的方式送到群众手中。在服务时间上，荷塘区于 2016 年 9 月定制开发了“智慧荷塘”手机 App，与“一门式”政务服务系统、“自治家园”大数据库无缝对接，实时提供网上办事、生活服务、居民互动、新闻资讯等服务功能，将服务直接送到群众指尖上，为老百姓提供了随时随地全天候的贴心服务。在服务地域上打破了空间界限，让老百姓实现足不出户“掌上 App 办业务”。据政府部门统计，自 2016 年 1 月“一门式”系统上线以来，荷塘区受理的 11 万余件业务中，用户服务满意率超过 99.99%。

4.2.2　拓宽渠道实现共同治理

荷塘区“一门式”政务服务坚持满足老百姓的多样化需求，加强对百姓民生的关注，为老百姓参与政务管理提供合理的渠道，将共同治理落到实处。一方面，荷塘区在“一窗受理”政务服务的同时，将监督服务同样纳入“一门式”政务服务系统中，方便老百姓准确、即时找到信息反馈及监督途径。另一方面，荷塘区在“智慧荷塘”手机 App

平台的构建中，设置社区互动这一栏目，设立“民生解忧”“荷塘事随便聊”“身边事随手拍”三个模块，方便百姓的相关政务服务建议得以及时反馈，并能根据百姓的反馈即时积极完善政务服务系统，同时也为其参与处理与自己乃至社会相关的政务服务工作提供机会和平台，满足百姓的心理需求。

结束语

湖南省株洲市荷塘区充分利用“互联网+”技术，发展“一门式”政务服务系统，大幅度简化了办事流程，缩减了行政事项审批时长，实现了与百姓之间的信息共享，群众办事的“获得感”大大提升，成为基层服务型政府改革信息惠民的重要样板。

思考题

1. “一门式”政务在提供综合化的服务过程中如何真正做到资源共享？

2. “一窗受理”在传统部门间可能存在哪些壁垒？如何打破？有怎样的改进空间？

3. 荷塘区“一门式”政务如何体现共同治理的服务理念？

案例教学手册

“一门式”政务服务模式是指通过建立统一的审批服务标准和统一的审批服务平台，形成一个新的“相互联通、一体运行”的政务服务体系，统一政务办事标准，公布办事指南和业务操作手册。

1. 知识要点

1.1　服务型政府理论

服务型政府理论指出，一个政府是否属于服务型政府的根本依据是公共服务当中的政府与公民的关系，即要以公民作为立足点和出发点。党的十八大报告指出：“建设职能科学、结构优化、廉洁高效、人民满意的服务型政府。”这一论述，为服务型政府究竟是什么样的形态确立了四大标准和四大目标，即“职能科学、结构优化、廉洁高效、人民满意”。荷塘区“一门式”政务服务的开展，建设了政府的“权力清单”，使政府职能能够更好地实现；由“多部门”“多地区”转变为“一门受理”，提升了政府的服务水平，在这个基础上民众的满意度也随之提高。政府权力下放，公民通过智慧平台接受政府公共服务产品的过程，公民主体地位与社会民主在各个层面体现了服务政府理论的要求。

1.2　无缝隙政府理论

拉塞尔·林登的无缝隙政府（Seamless Government）理论是在生产者社会向顾客社会转变过程中提出来的，以更好地满足顾客更高层次的无缝隙的需要为目标。无缝隙政府组织不再是高度隔离分散的组织，而是通过对组织职能的重新整合，使其工作方式更加灵活、更具弹性，突破了官僚制，克服了传统行政体制的条块分割、分工僵化的问题，能有效及时识别外部环境的变化，响应广大群众的真实需求，为群众提供更加个性化和多样化的服务。“一门式”政务服务正是来源于无缝隙政府理论。政府部门职能分割和各自为政的管理思维是当前必须重点突破的障碍。政府各部门需要加强彼此之间的交流和沟通，建立协同机制，实现资源共享，建立起一个开放的信息交流平台，畅通彼此的链接。只有这样做，才能更好地构建“一门式”政务服务的特色化服务，解除信息分布不平衡的问题，也能够更好地结合地方和部门的特色开展让群众满意的公共服务。

1.3 治理理论

共同治理是指政府、企业、非政府组织、公民个人共同参与到公共管理的实践中，发挥各自的独特作用，组成和谐有序高效的公共治理网络的一种公共管理模式。共同治理正是一种鼓励利益相关者积极参与公共事务的模式，它搭建了一个平等对话的平台，从而有利于有效维护公民个人以及各共同体的利益。荷塘区“一门式”政务服务系统改变了传统单一的服务提供者的惯性，坚持共同治理的服务理念，致力于打造一个让公民积极参与社会治理的平台。一方面，荷塘区在“一窗受理”政务服务的同时，将监督服务纳入“一门式”政务服务系统中来，方便老百姓准确、即时找到信息反馈及监督途径。另一方面，推出“智慧荷塘”App 并设置相关模块供居民随时随地参与政务讨论，并即时将群众的“民声”传送到政府系统平台，充分调动民众积极性，实现资源合理利用，满足群众多样化需求。

2. 案例要点分析

2.1 荷塘区“一门式”政务服务项目背景、发展路径、创新模式及其成效

2.1.1 “一门式”政务服务概念

“一门式”政务服务模式是指通过建立统一的审批服务标准和统一的审批服务平台，形成一个新的“相互联通、一体运行”的政务服务体系，统一政务办事标准，公布办事指南和业务操作手册。

2.1.2 背景

一是时代的需要，现代社会信息化速度不断加快、程度不断加深，政府的政务服务也深受影响，信息化浪潮不可避免。二是政府职能的转变，老百姓和企业办事经常是多窗跑、多处跑、往返跑、反复跑，费时费力。这种状况如果不下功夫解决、不下大力气改革，那么政府转变职能、简政放权就是一纸空文。三是群众的呼声，老百姓“办事难”“办事慢”“办事繁”以及在政务服务过程中，政府服务缺少标准化流程，老百姓无法获取完整的公共信息。

2.1.3 发展路径

2015年10月8日，荷塘区“一门式”政务服务改革工作再动员会议召开，明确了下一步的工作计划，确定了10个社区作为试点社区。2016年1月15日，荷塘区新政务服务中心作为湖南省第一家“一门式”政务服务中心的单位正式运行。2016年10月，荷塘区出台了《“一门式”政务服务问责办法（试行）》。在借鉴以往成功经验的同时，荷塘区不断查找差距、积极整改、弥补不足，进一步提升“一门式”政务服务工作质量的水平。

2.1.4 创新模式

综合化：荷塘区将原来分布在各部门的办事服务事项，全部集中到三级政务（便民）服务中心办理；将原来以部门业务划分的各“专项业务办理窗口”合并为“综合受理窗口”，对进入“一门式”系统的全部事项实行“一窗受理或办理”。

信息化：建立线上“e+政务服务体系”平台，由“一门式”政务服务系统大数据库、“自治家园”大数据系统和“智慧荷塘”App三个部分作为数据支撑。数据共享就不需要其他单位重复提供数据，老百姓办事也不用在多个层级和部门来回跑动、反复提供材料，大大减少了政府和群众的时间成本。

专业化：荷塘区创新推行政府雇员制，为建立一支稳定高效的专业化队伍提供了专业对口的人才。此外，还创制了“业务首席代表”制，实现“认流程不认面孔，认标准不认关系”的无差别审批。

2.1.5 成效

荷塘区的“一门式”政务服务系统通过对服务流程“化繁为简”，通过数据共享和综合窗口打通部门、层级间的隔阂以提高政府的服务效率，并坚持用户导向和共同治理的理念以满足百姓的多样化需求。

2.2 荷塘区“一门式”政务服务面临的主要问题

2.2.1 网络基础设施落后

政务内外网管理不规范，各部门各自为政，专线单独接入，不但有很大的安全隐患，也不利于智慧型政府大局域网的建设。门户网站的建设还是依靠政治导向，致力于提高内部效率，而不是提高外部的公共服务水平，门户网站的服务意识和能力都还远远不够。

2.2.2 实际操作不规范

能够现场结办的事项不多，时间周期较长；基本资料重复提交，加重了办事群众和经办人的负担；关联事项办事流程未能完全整合。

2.2.3 相关制度规章不健全

信息公开的内容如何进行鉴定，可以公开的范围没有正式的规章制度予以明确。信息化的审计监察系统还相当落后，机构职能的设置、人员的编制安排，电子信息的保存年限、介质、保管机构等，电子审批过程中的印鉴管理、使用等问题，都没有相关的规章制度依据可以参照执行。

2.2.4 办事效率不够快

群众反映某些政府部门“门难进，脸难看”也不是无的放矢。群众个人信息的内容不齐全，更新不及时，造成事项办理过程中提交材料和实际情况不符，成为事项审批的障碍。

（执笔人：李中仁、赵起超、胡雨薇、周小丽、傅彬、王敏）

“BOT模式”在我国公租房建设中的应用

——以上海“联明雅苑”小区为例

摘要：住房问题已经成为关系到国家长治久安的重要因素。公租房逐渐成为应对城市房价居高不下，打破无房可住者艰难困境的有效选择，然而我国公租房建设步伐已经滞后。本案例所述的上海闵行区的“联明雅苑”是由政府牵线搭台建立的城市花园式的“单位租赁房”，并且首次将BOT模式引入上海公租房建设的实践中。本文拟分析探讨BOT作为基础设施投资、建设和经营的一种方式引入公租房建设中的优缺点及未来展望，希望能为进一步推动公租房建设的可持续发展提供一些可资借鉴的经验。

引　言

住房问题一直以来都备受关注，国民收入分配不均，市场调节力量不足，使得在我国出现了“夹心层”一族。我国政府为了解决这部分群体无力购买经济适用房，并且也无力拿出部分资金租借住房的困难，从而创造性地提出了公租房理念。公租房的低成本、低租金，高需求、高增值，能满足居民的利益需求，为有需人群提供较高性价比的居住选择。2010年，全国各类保障性住房和棚户区改造住房开工590万套，基本建成公租房370万套，但与巨大的需求相比，供给仍然不足。

1. 村民集资，收益共享

“联明雅苑”位于闵行区七宝镇，是由联明村委会向村里600多户村民集资8500万元筹建的特殊“公租房”，由镇和村集体经济投资兴建而成。它不仅开辟了公共租赁房房源筹措的新渠道，还有助于农村集体经济组织获得稳定的租金收益，提高农民的财产性收入。除了两栋公租房的租金收入外，小区的两个市场、商务楼等都会产生收入，目前村里每户家庭每年能拿到2万—3万元的分红。项目由联明村下属的公司运营，启动资金来源于村民，而村委会给村里承诺的回报率是7%。虽然只比银行借贷的利率略高但更加稳定安全。以家庭为单位，村民每年可从项目获得的收益，已高于银行存款利率。

2. 租金低廉，服务周到

小区的房租价格要比周边市场优惠2—3成，很受企业职工的欢迎。而七宝镇范围内有不少年税收达50万元的企业，它们普遍存在解决职工住宿问题的需求。租客之所以选择住在这里，其中一个原因就是租金比周边的商品房都便宜，而且“联明雅苑”有保安、治安岗亭、减速带、隔离栏等社区安保措施，甚至还有一个为租客开辟的篮球场。除此之外，小区还聘请了专业的物业公司管理，每个月都会为小区租户提供免费的法律咨询和图书，每家每户在入住前也会开展身份备案登记。虽然是“公租房”，却让每一位租客都能享受到公寓式的待遇和服务。

3. 企业集租，统一管理

小区主要供七宝镇辖区内各优质企事业单位的白领、蓝领申请入住，以企业出面承租为主，“付三押二”后方可入住。企业集体安排员工入住，“联明雅苑”90%左右的租客都是企业安排的，而且管理方对入驻的企业还设门槛。公租房主要面向在七宝镇工作的企业员工，一般不对社会方面的个人租客开放，如果企业申请入驻，还必须提供年缴税额 100 万元的凭证，这样的“门槛”保证了租客的整体素质，既方便管理，又不容易出现拖延租金的现象。

4. 按需布点，谨慎推广

“联明雅苑”的运行在闵行区七宝镇取得了良好的效果，形成不仅合理解决了外来务工人员的住房难题，也为农民增收创造了新渠道的双赢局面，但是该成功模式也并不是在哪里都会成功，所以上海市一直坚守布局合理、村镇自愿、平稳有序的试点原则。其中，对于布局，上海市规划局表示，一定要针对外来务工人员集中的地区，有需求才布点，而不是随便摊开。

结束语

2007 年开始实施的“来沪人员集中居住点”项目，无疑是迈开了重要的一步，并为随后的公租房建设打下了一个良好的基础。这种类型的公租房是由本地村民集资建造的，不仅拓展了村民的增收渠道，同时也解决了暂时没有能力买房的青年职工、引进人才和外来务工人员等城市“蚁族”阶段性的居住困难，可谓一举多得。公租房的不断发展，也印证了我国社会保障体系的不断完善，在公租房的建设过程中，将 BOT 模式应用其中，通过土地供给、资金筹集、特许期限三方面来实现公租房的建设与管理，可进一步有效地促进公租房的快速建设。

思考题

1. BOT 模式在推进公租房建设中出现了哪些问题和挑战，该怎么解决？

2. BOT 模式在公租房建设过程中应重点注意哪些事项，该怎么处理？

3. BOT 模式还可运用于其他哪些领域，并有望取得成效？

附录

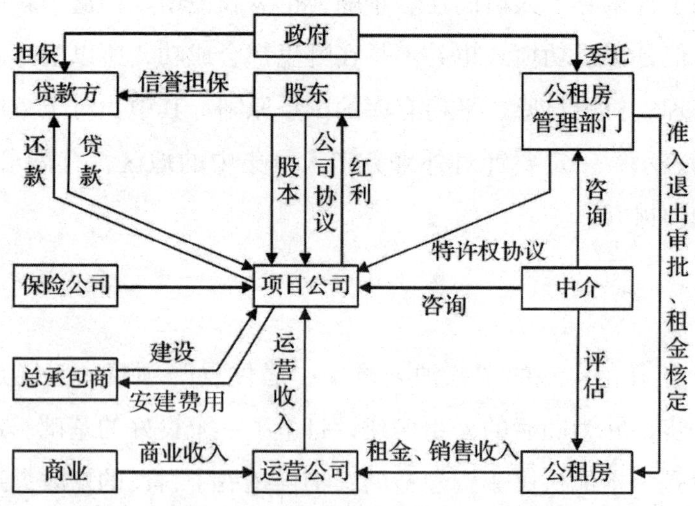

图 8.1　BOT 模式运行流程图

案例使用手册

1. 知识要点

1.1 重要概念界定

1.1.1 公租房

公租房是指由国家提供政策支持、限定建设标准和租金水平，面向符合规定条件的城镇中等偏下收入住房困难家庭、新进就业无房职工和在城镇稳定就业的外来务工人员出租的保障性住房。公共租赁住房不是归个人所有，而是由政府或公共机构所有，用低于市场价或者承租者承受得起的价格，向新就业职工出租，包括大学毕业生、退休老人及残疾人，还有一些从外地迁移到城市工作的群体。这不仅是我国政府管理民生理念的改变，也是政府在管理过程当中对城市的合理性规划，更是行政水平的提升，充分体现了重民生、听民情、顺民意的理念。

1.1.2 BOT 模式

对于 BOT 模式的内涵，其实 BOT 是英文 Build-Operate-Transfer 的缩写，通常直译为“建设—经营—转让”。在实质上，BOT 是基础设施投资、建设和经营的一种方式，以政府和私人机构之间达成协议为前提，由政府向私人机构颁布特许，允许其在一定时期内筹集资金建设某一基础设施并管理和经营该设施及其相应的产品与服务。政府对该机构提供的公共产品或服务的数量和价格有所限制，但保证私人资本具有获取利润的机会。整个过程中的风险由政府和私人机构分担。当特许期限结束时，私人机构按约定将该设施移交给政府部门，转由政府指定部门经营和管理。所以，BOT 一词在很多情况下被译为“基础设施特许权”。

1.2　公租房建设运用的相关理论

1.2.1　公平与效率理论

西方公平与效率理论的发展经历了三个阶段。第一阶段——公平优先阶段，第二阶段——效率优先阶段，第三阶段——平等效率交替理论的形成。公平与效率理论全面概述了保障福利的理论演变阶段，阐释了社会的进步。政府在住房保障方面发挥重要作用，同时引入社会资本，弥补政府投入的不足。从集中居住点，到单位租赁房，再到今天的公租房，这不仅仅是一个名字的改变，更是政府服务理念的提升。随着闵行区公共租赁房住房投资运营有限公司正式揭牌成立，闵行区筹集公租房的模式将进一步增强，形成政府主导、社会参与的多元投资模式。同时，按照政府的相关规定，新建商品房需配套建设5%的租赁房，今后这些租赁房将由公租房运营公司管理。政府也是在一边实践一边探索的过程中，逐步形成了系统化的工作思路和推进模式。

1.2.2　住房“过滤”理论

住房过滤指的是住房市场中房屋承接的过程。在这一过程中，收入较高的居民为改善居住环境出资建设自己的住房，而后由于房屋受时间和折旧等因素的影响，房屋的使用效用降低，房价也会随之降低，从而低收入居民有可能负担得起这部分费用。住房“过滤”机制是在市场中自发形成的一种动态分配住房供给量的模式。人们根据自身需求和能力分层次地放弃不同等级住房。尽管住房“过滤”理论模型是根据不同国家的不同国情所建立的，但却有一个共同的结论：积极建造高等级住房有利于加快住房“过滤”过程，有利于提高低收入困难人群的住房福利，进而拉动社会整体居住水平。这为上海闵行区外来务工人员等无房群体放弃周边私人租赁房而来选择公租房住房提供了理论依据。

1.2.3 公共物品多中心供给理论

迈克尔·博兰尼最早提出了多中心理论，该理论认为纯粹的公共产权或私有产权都不能有效实现公共物品的供给，应根据资源优化配置的合理性原则与交易成本最小化原则，寻求政府、市场和社会在公共物品供给领域中的均衡点。"联明雅苑"的诞生，是农民寻求土地高效利用和有效发展的创新探索之路。"联明雅苑"所在地，原是村属企业用地，但由于技术含量低，企业已经亏本多年。与此同时，联明村周边的发展欣欣向荣，大大小小的商贸型企业层出不穷，企业员工的居住问题也日益突出。一个内因一个外因，让联明村农民召开了村民代表大会，集体通过了改造原企业用房、建造单位租赁房的决定。当村集体准备贷款建房时，村民提出了自己集资的意见，经村民代表大会决定，每家每户集资 10 万元以上，每年以 7%的利率返还收益。很快，8750 万元的集资款到账。改革开放后，农村土地开发快，建设公租房能为失地农民留下长效收益。这是农民自我寻求出路的新探索。

2. 案例分析要点

2.1 BOT 模式应用于公租房建设的优点

2.1.1 降低政府的财政负担

由村民集体融资进行公租房的项目建设投资，众人拾柴火焰高的道理在此应用得十分明显，并且政府在此过程中仍旧保留了一些优惠政策。例如，政府为扶持集体经济组织参与建设和管理公共租赁房，政府将在建设资金贷款贴息、开办费补贴、日常管理补贴三方面给予优惠，在降低政府财政负担的同时也给予了最充分的支持。

2.1.2 降低政府项目风险

从当前社会现象来看，一些地区为了发展地方性经济而在地方政府财政贫乏的情况下不断加重财政负担与债务负担。但整个项目的融资过程，不仅促进了资源的有效以及合理性配置，而且也配置了相应的财政融资体制，这也是 BOT 体制在财政领域的应用与配置。虽然此政策与项目在整个过程中的风险由政府和私人机构分担，但由于 BOT 模式存在的性质，政府在此过程中仍旧可以规避大量的风险。

2.1.3 促进政府部门和私人企业协调发展

此项目由镇和村集体经济投资兴建而成，由农村集体经济组织在集体建设用地上新建单位租赁房，内有村民委员会以及地方性政府的层层把关与管理，外有公租房物业等私人企业的合理运营，使得此项目不仅有高效的运行与管理效率，而且组织结构的简单以及不繁杂更得到了更好的发展前景。

2.1.4 有利于提升项目收益、减少政企纠纷

项目回报率明确，严格按照中标价实施，政府和私人企业之间的利益纠纷少。从公租房的融资手段以及融资途径我们可以看出，其有着清楚而明晰的投资收益利率以及村民的分红利率，所以对于村民来说项目的回报率是公正且明晰的，一切都公平、公正、公开。这从侧面证明了政府在此过程中，无论是与村民还是与私人企业以及物业管理委员会都不涉及较大的利益纠纷。

2.1.5 有利于提高项目的运作效率

效率的高低与组织机构的繁杂程度，以及团队的管理能力密切相关，租赁已成为趋势，这能更好地满足无能力购买住房的居民、困难家庭的居住需求。同时，这也能增强集体土地的利用效率和土地价值。BOT 模式下的公租房建设与推广不仅结构简单而且收益分配明晰，与政府的治理与调控契合度高，从而效率更高。

2.2 BOT 模式在公租房建设中的缺陷

2.2.1 保障房产权不明，存在政策风险

保障房中的公租房和廉租房，产权归属目前不清晰，具体由项目公

司所有还是政府或地方政府融资平台所有，还没有明确的界定。这势必会影响到 BOT 项目中对银行贷款的使用，也容易造成保障房工程质量问题。因此，首先要解决 BOT 模式建设保障房的产权归属问题。

2.2.2　相关法律法规还不完善

目前我国采用 BOT 建设的项目中，各方之间的权责利益问题多由合同的详细规定来解决，但缺乏相关的法律保障。

2.2.3　保障房建设管理体制不完善

由于我国保障房建设一直以来都是政府主导，采用 BOT 融资方式建造的模式处于探讨阶段，可直接借鉴的经验较少，而政府主导的建造模式不同程度地存在多头管理和监管缺位、越位、错位的现象，造成了保障房建设的高成本、腐败、浪费、效率低下等问题。因此，在 BOT 模式建设保障房的过程中，需要一个权责明确、高效统一的管理体制，才能有效降低保障房建设的行政成本，吸引社会资本通过 BOT 模式进入保障房领域。

2.2.4　公私部门协商程序不完善

公共部门和私人企业的协商程序往往都需要经过一个长期的调查了解、谈判和磋商过程，以致项目前期过长、投标经费过高。一旦参与项目各方存在某些利益的冲突，就会对融资造成障碍，在特许期内，政府对项目减弱甚至失去控制权。

（执笔人：陶富林、孟佳祺）

“桐庐经验”：商事登记制度改革的“全国样本”

摘要：“营商环境是发展的体制性、制度性安排，其优劣直接影响市场主体的兴衰、生产要素的聚散、发展动力的强弱。”浙江省桐庐县改善营商环境的商事登记制度改革经过了“一窗受理、多证联办”“五证合一、一照一码”、零见面无纸化无介质登记、法律保障下的深化改革四个阶段，群众和企业的获得感得到极大提升。通过对桐庐商事制度改革历程的回顾，发现“桐庐经验”是在整体性的改革布局下由多方力量共同推进，以信息技术平台为主要载体的地方改革模式。

引　言

随着经济社会的快速发展，滞后的政府体制成为经济更好、更快发展的掣肘力量。为此，自改革开放到党的十九大的召开，中央展开了八轮行政体制改革，形成了“简政放权—职能转变—公共服务”的改革路径，并在政府权力的厘定、公共服务的提供等方面产生了积极成效。但以体外循环为根本特征的政府权力和利益改革模式，决定着行政体制改革只是“小修小补”，完全不能满足经济发展新常态和社会对高质量公共产品、公共服务的要求。在以习近平同志为核心的党中央坚强领导下，以推动供给侧结构性改革为目标，中央逐步推进和部署“放管服”改革，加快政府职能深刻转变，促进政府治理体系和治理能力现代化，推动经济社会持续健康发展。为此，各地方纷纷展开实践探索，其中浙江省推进的“最多跑一次”改革取得突出成效，并在2018年写入政府工作报告，成为“放管服”改革的“浙江样本”。

桐庐县的商事制度改革是浙江“最多跑一次”改革模式探索的闪光点和攻坚克难的先行先试区。浙江素来注重改革创新，在“最多跑一次”改革之前就进行过行政审批改革、“四张清单一张网”等一系列改革，而其取得如此成效在一定程度上取决于“地方探索—模式总结—省级推进”这一上下互动的改革模式。其中，桐庐县大胆创新，在“一站式”服务中心、商事制度改革等方面改革成效显著。

1. 缘起：“一石激起千层浪”

企业开办审批时间长、涉及部门多，审批环节互为前置等问题是制约企业增长和经济发展的瓶颈，而这中间主要涉及的是中小企业或个体经营者，他们又构成了桐庐当地经济发展和经济活力的重要力量。因此，桐庐县自2009年起就开始探索工商营业执照、质监代码证、国（地）税税务登记证和公安刻章审批改革，形成由工商窗口统一受理、统一发证的“多证联办”模式，通过政府内部“资料共享、窗口联动、内部传递、互相协调，一条龙审批”，做到政务服务提供的“统一地点、统一告知、统一受理、统一发证，一窗式办理”，从而实现了政府部门的整合和协作，极大地缩短了商事登记审批的时间。这种模式虽然实现了部门集中办公和前台的统一，但是后台仍然需要进行部门间的手工传递资料，在时限上无法做到最优，也与信息化的社会背景不相契合。为此，桐庐县在2015年研究开发了新设企业快速办照系统与多证联办平台，申请人在新设企业快速办照系统提供字号名称、出资信息、股东信息、公司组织机构等基础信息和经营场所证明后，由系统实时推送给多证联办平台各部门统一编码，实现了“10 分钟快速办证”。同年，桐庐县市场监管局又推出全国首个工商注册登记移动终端平台，实现了申请人移动终端自助格式化申报、经办人后台实时审核、部门并联审批。2016 年，平台功能拓展至企业变更和企业注销，实现业务全覆盖。

“五证合一”“一照一码”的根本目的是降低创办企业的难度，激发市场活力，促使市场主体创业和创新的热情一浪高过一浪。

2. 发展：“一山放过一山拦”

“五证合一”“一照一码”解决了企业开办商事登记流程中政府的体内循环，而政府外部主体的协同是打通商事登记堵点的重要一招。桐庐县在商事登记综合窗口配置高拍仪，增设税务身份核查系统，依托县小微企业服务系统，搭建信息推送平台。在自愿申报的基础上，建立商业银行和刻章单位数据库。申报人的相关资料和信息全部通过系统推送至税务、刻章单位、开户银行和人民银行，并向经办人员发送短信提醒。各接收单位凭综合受理窗口推送的审批信息、申报资料和身份核验结果进行业务审核，不再要求企业进行现场审核和资料递交，从而实现商事登记与税务部门、金融机构、刻章单位之间材料互认、信息共享和工作联动，解决企业跑多部门多机构、重复提交材料等问题，实现了政府与外部审批和服务提供主体间的无缝对接。

此外，商事登记的全流程中还存在许多以往必须“面对面”或必须通过介质才能完成的事项，如“股东签字”，这些事项的网络化解决是实现商事制度进一步深化的落脚点。为此，桐庐县市场监管局依托电子签名、网上实名认证等技术，通过审批资源整合和数据共享应用，于2016 年 7 月推出了 PC 端和移动端全程电子化智慧登记平台。随后，进行完善升级，自主开发移动端在线签章系统，打通“浙江政务服务网”高级实名认证通道和数据库，打通全程电子化登记系统与工商准入系统和电子档案系统，实现个体工商户、企业等全部主体类型，名称查重、名称申报、设立、变更、注销等全部工商登记业务，网上申请、网上审核、网上发照、网上归档、网上公示等全流程的电子化登记。申报人只需进入平台申报企业名称、填报企业设立登记的基本信息、下载“企业e签通”App进行实名认证和电子签名，这就破解了以往“股东签字”只能窗口面签或通过银行U盾、IC卡等与身份有关的特殊介质进行远程签名的困境，实现真正意义上的全流程全类型全自助零见面无纸化无介质登记，实现“面对面”向“屏幕对屏幕”的转变。

3. 高潮：“一枝一叶总关情”

在“一照一码”“10分钟快速办证”、移动终端快读登记、全程电子化登记等措施之后，桐庐县在商事登记上已经形成了“一窗、一网、一终端、多平台”的线上线下协同工作模式。但是，现实中仍有近三分之一的企业领取了营业执照后需办理相关许可证的情况，因此企业仍需跑多个部门，花费较长时间。基于此，桐庐县针对“准入准营不同步”的问题，进行行政审批事项大整合、大清理、大联办。具体表现为：一是整合一批，实行涉企证照登记整合，将食品经营许可、木材经营加工许可等共24项许可、备案事项进行整合，市场监管部门向企业发放加载备案信息二维码的营业执照，并将商事登记信息实时发送给备案、许可部门，企业通过商事登记后即可开展相关经营活动，不必再向有关部门进行备案和许可；二是承诺一批，实行涉企证照告知承诺制，对于暂时不能取消审批，但通过事中事后监管能够纠正不符合审批条件的行为且不会产生重大后果的审批事项，窗口向申请人提供行政审批告知承诺书，一次性告知企业审批条件和需要提交的材料，企业承诺符合审批条件并提交有关材料，即可当场办理有关行政许可事项，领取许可证；三是联办一批，实行跨部门证照联办、综合进件，对于既不能整合也不适合采取告知承诺制的行政许可事项，统一开展标准化建设，简化办事流程和材料，公开办事程序，明确审批标准和办理时限，实行一窗进件、内部流转、证照联办、统一反馈，从而实现 90% 以上涉企事项“一窗、一次、一天”。

针对“准入容易退出难”的问题，实行“联审联退”。建立企业“联办联退”负面清单制度，对企业退出涉及的国税、地税、社保、市场监管四部门办理事项，企业可就近选择国税、地税、市场监管任何一个窗口办理。各部门在企业注销公示期间并联办退，完成清税、停保、清费等相关手续。公示期满前，四部门统一形成是否同意企业退出的意见，实现以“快退出”代替“反复跑”。

“准入准营同步”的实现意味着提高了监管要求。为此，桐庐县采用“1+2”办法进行监管，自主开发了事中事后监管信息系统，依托监管系统实现精准智能推送注册登记信息和承诺内容，支撑各相关部门及时快速进行实地检查。推行“部门履职的监管办法”和“企业失信惩戒办法”，并结合“双随机一公开”来加强事中事后管理。

4. 突破：“一子落下满盘活”

经过不断探索，桐庐县的商事制度改革在所涉主体间形成了系统性的措施，但是监管风险、法律风险成为进一步推进改革时无法回避的问题。作为浙江省“最多跑一次”改革的先行区，这一问题得到上级的关注，2017 年 7 月 28 日，浙江省人大常委会审议通过了《关于保障桐庐县深化“最多跑一次”改革的决定》，为桐庐县商事登记制度改革的深化发展提供了法律保障，激活了深化改革的整盘棋局。

此外，桐庐县也主动加强制度衔接，破除改革壁垒，从近三年商事登记领域办件量最大的41件事着手，对桐庐县政府制发的现行有效的461个行政规范性文件进行清理，查找与“放管服”和“最多跑一次”改革不相适应的规范性文件，共清理废止文件60件，宣布失效42件，列入评估和修改计划16件，确保法制统一、政令畅通。推行“一个部门化争议”机制，充分发挥行政复议定纷止争的职能，建立以移送督导为主的沟通衔接制度倒逼改革。

结束语

桐庐县的商事登记制度改革以企业和群众的获得感为改革的基本目标，通过机构改革、事项梳理、流程再造、法律同步等措施，实现“一窗受理”“并联审批”“全流程电子化”。同时，推广24小时自助服务厅等，推行线上、线下对接，且更倾向于线上的全流程、全生命周期事项的办理。2017年4月，被国务院评选为“推动工商注册制度便利化工作及时到位，落实事中事后监管等相关政策措施社会反映好的县（市、区）”，被评为2016年“真抓实干成效明显的地方”。国家工商总局以桐庐县全程电子化智慧登记平台为蓝本，起草完成《全国推进实施全程电子化登记实施方案》《推进企业全程电子化登记指导意见》等文件，将桐庐模式推向全国。“改革无止期”，推动改革更深入发展还有诸多需要破解的困境，而很多问题不是基层政府所能解决的，只能通过“自上而下”的改革来推行。

思考题

1. 请思考桐庐县商事制度改革取得成效的关键因素有哪些？

2. 请思考桐庐县商事制度改革模式推广到你的居住地最大的阻碍有哪些？

3. 请列举其他地方推行商事制度改革的实例，并探讨相比于桐庐更成功或失败的原因？

案例使用手册

1. 知识要点

桐庐商事制度改革是在经济发展需要更有活力的市场和社会环境的前提下展开的地方政府对营商环境改善的探索。通过办公地点的物理集合、办事窗口的统一受理、部门的联审联办、线上平台的数据共享和协同办公等措施，极大地提高了企业和群众的获得感，是浙江"最多跑一次"改革的亮点。下面，主要围绕整体性治理理论对商事制度改革进行深入剖析，并试图探讨改革中存在的问题以及破解瓶颈的关键。

1.1 商事登记制度

商事登记亦称商业登记，是指商事主体或商事主体的筹办人为了设立、变更、终止商事主体资格，依照商事登记法规、商事登记法规实施细则以及其他特别法规定的内容和程序，由当事人向当地登记主管机关申请，登记主管机关予以审核并登记公告的法律行为。商事登记是导致商事主体设立、变革或终止的法律行为，是一种要式法律行为，是创设和确立商事法律关系的基本要素。它包括设立登记、变更登记、注销登记、分支机构登记等类别，由申请受理、审查、登记、公告四个流程组成。

1.2 "最多跑一次"改革

"最多跑一次"改革就是群众、企业到政府办事，在申请材料齐全、符合法定受理条件时，最多跑一次办成，通过理念塑造、外力制约、技术创新与应用、流程梳理与再造等措施，探索组织功能有限整合基础上的部门协调联动，塑造“一窗受理、集成服务、一次办结”的服务模式，让企业和群众到政府办事实现“最多跑一次”的行政目标。

2. 案例分析要点

2.1 整体性治理视角下的桐庐县商事制度改革

整体性治理是在对传统公共行政和新公共管理理论批判继承过程中形成的，以公民需求、结果导向、预防导向和文化转变为基本原则，以整合和协调为核心机制，以信息技术和信任机制为重要工具，通过对治理层级、治理功能、公私部门关系以及信息系统的整合，实现行政理念与行政行为无缝对接的整体性治理框架。

坚持“以人民为中心”的核心目标。商事登记是关乎企业利益的重要法律行为，是公权力对市场干预的重要形式，公共机关的管制内容和行为方式是关于企业发展和市场活力的重要因素。桐庐县以企业和群众的获得感为基本目标，在群众和企业反映最强烈、最渴望解决、最难办的事情上突破，通过变“串联”为“并联”、变跑多处为跑一处、变人跑为数据跑、变事前审批为事中事后监管等方面积极探索，切实做到减次数、减材料、减时间。此外，群众和企业作为社会和市场主体是改革成效的重要评判者，通过沟通与反馈机制，收集企业在商事登记方面的主要问题，并以部门履职的监管办法等为依据对改革成效进行评价。

构建整体性的权力整合格局。在桐庐县政府内部通过成立由县委书记、县长担任双组长的“最多跑一次”改革工作领导小组和以“跑改办”、主体改革组、法制保障组、政策保障组、技术保障组、综合监管组为主体的“一办五组”，统筹协调各部门、各主体改革中的行为和进度，并由压力倒逼破解改革过程中存在的历史惯性的阻隔和羁绊。省委、省政府确定桐庐县为攻克“最多跑一次”剩余20%事项的先行试验区，一方面给予了极大的政策支持，《关于推进和保障桐庐县深化

“最多跑一次”改革的决定》规定由省或者杭州市政府、市发展改革、经济信息化、公安、国土资源、环境保护、住房城乡建设、城乡规划、交通运输、水利、卫生、工商行政管理、质量技术监督、安全生产监督管理、食品药品监督、人民防空等有关行政机关，实施有关商事主体设立、项目投资建设及其他事项涉及的行政许可，省或者杭州市的有关行政机关可以依法委托桐庐县的有关行政机关实施。同时，桐庐县根据改革过程中的困境，积极和上级政府沟通，争取省市下放审批权限32项，并积极进行强镇扩权改革，将法律法规允许范围内的202项审批服务事项下放到乡镇（街道）办理，推进审批服务事项下沉和前移，提高了企业和群众到政府办事的便捷程度。浙江省人民代表大会常务委员会委员多次到桐庐县督导“最多跑一次”改革的基本情况，并了解到商事制度改革的堵点，制定了《关于推进和保障桐庐县深化“最多跑一次”改革的决定》，推动改革向纵深发展。实现两级人大多次联合开展改革督导工作，市人大常委会先后两次对不适应“最多跑一次”改革的法律法规进行梳理，修改2件法规，确保改革于法有据。县级人大既充当了对改革与法律不相衔接问题进行梳理的角色，又发挥了联络员、监督员、服务员的作用，及时保持与省市人大的密切联系，第一时间向人大沟通反馈，提出改革需求和法规的立、改、废建议。

网络化的组织结构和线下服务的协调。桐庐县商事制度改革是以“最多跑一次”改革为依托的，经过政务服务的标准化建设、政务服务事项的梳理、政务流程的再造等诸多环节，桐庐县建立了“县—乡镇—村”三级政务服务中心，统一单位名称、场所面积、工作制度，窗口设置、人员进驻、事项办理、办件流程、服务网络等标准。进行政务服务事项梳理，根据法律法规削减不必要的事项、合并重叠或互为前置的事项等，编制“政务服务清单”和政务服务指南，做好政务公开和“一次性告知”，根据“一窗受理、集成服务”原则，将原来分散于各科室办理的事项集中受理、统一代办，形成前台“一窗式”受理、后台分类办理模式。健全“帮代办”机制、整合队伍，努力实现代办队伍帮忙跑，群众办事不用跑，探索“全科室无差别受理”等创新性的服务模式。

信息技术的创新与线上共享、协同。桐庐县以浙江省政务服务网及移动客户端为平台，大力推进“互联网+政务”，为群众和企业提供更加优质、高效的服务。通过上线运行企业投资项目在线监管平台2.0版、推出商事登记全程电子化智慧登记平台、开辟微信审批便捷通道等举措，实现群众和企业在线登记提交项目申报材料，平台推送各职能部门在线预审、收件、受理、办结，将办件结果同步推送至在线平台并以短信方式提醒办事人员，构建企业投资项目和商事登记“闭环管理”机制，实现商事登记和企业投资项目审批全流程“一窗、一网、一次”，把审批服务由“线下慢跑”变为“线上快跑”，并通过快递送达，实现企业和群众办事“足不出户、证件到家”。此外，保证审批服务与事中事后监管的协调，通过机构间的平台互通、信息共享做到审批与监管的无缝对接。

2.2 桐庐县商事制度改革存在的问题及其破解路径

桐庐县商事制度改革存在的不足主要体现在：

第一，事中事后监管的主体和手段单一，现阶段主要依托事中事后监管系统推行政府部门的监管办法和信用惩戒管理办法，尽管手段先进并具有事先预防的特点，但并没有形成立体的、无死角的监管模式。

第二，改革的制度性建设缺乏，改革过程中与改革阶段相适应的制度性文件缺失，导致改革成果缺乏长效机制。

第三，改革过程中法律建设虽有很大发展，但因二者的不同步性，并不能做到地方的依法改革，地方承担风险的改革依旧是制约改革模式拓展的主要障碍。

第四，诚信管理缺乏诚信体系建设的根基，桐庐县在商事制度改革中实现了诚信管理，充分尊重和相信市场主体的自治能力和诚信自律，编织起政府机关、服务机构与企业之间的信任网。但是，在并没有形成良性的社会诚信体系的前提下，企业的自律很难保障。

基于此，可以从以下四个方面破解商事制度改革中的困境：

第一，构建全方位的事中事后监管体系，即在充分发挥体制内监管主体作用的同时，加强群众监督、舆论监督、民主党派和社会团体监督，使体制外监督与体制内监管有机结合起来，形成多主体、立体式的监督网络。

第二，加强改革的制度化建设，及时通过制度性文件规定改革的实践措施和有效保障，确保改革长效性。

第三，既要加强政府间的良性互动，及时通过上级政府的立法和授权形成对改革有利的社会环境，又要通过地方改革的实践成效倒逼法律规范的协调，从而形成有利于改革模式移植的社会环境。

第四，建立以法人的信用档案、法人的信用等级、定期对法人进行信用评估制度和对失信者的惩戒机制为主要内容的诚信体系，通过体系的建设，逐渐实现市场监管由监管为主到预防为主的转变。

（执笔人：王绪、陈超群）

怀化市北斗溪镇乡村协同治理模式的创新

摘要：党的十九大报告提出将“三农”问题作为全党工作的重中之重，强调要通过实施乡村振兴战略来实现“产业兴旺、生态宜居、乡风文明、治理有效、生活富裕”的目标。在这一背景下，怀化市北斗溪镇通过建立各类农村社会组织、制定乡村自制章程，创新乡村治理工作，因地制宜制定出适合该镇发展的乡村治理模式。一方面，激发了干群参与社会治理和发展集体事务的热情，增强了基层党支部的凝聚力；另一方面，村民的主人翁意识得到提升，实现了自我教育、自我管理以及自我服务，形成了“自己的事情自己办，自己的家园自己建”的乡村振兴新格局。

引　言

2015 年，怀化市的北斗溪乡、九溪江乡合并设立北斗溪镇。

北斗溪乡地处溆浦县境南部，距县城 55 千米，北面与九溪江乡交界，东面与隆回县虎形山乡接壤，南面与葛竹坪镇、龙潭镇毗邻，西面与小横陇乡挨近。境内南北长 8.5 千米，东西宽 6.862 千米，总面积 55.365 平方千米，全乡辖 8 个村，61 个村民小组，1742 户，6449 人。

以农业人口为主，农业户 1689 户，6223 人，全乡共有耕地 4186 亩，山地 727 亩，乡境多丘陵，经济主要以农业为主，农业以粮食生产为主。

九溪江乡位于溆浦县境南部，距县城 47 千米，面积 104 平方千米，人口 1 万人。辖 14 个村委会，县内高山耸峙，地势由东南向西北倾斜，南部凉风界海拔 1614 米，西部沅水出境地海拔 118 米，高低差 1496 米。

1. 乡村治理困难重重

1.1 交通闭塞

北斗溪乡与九溪江乡两乡之间大部分地方交通闭塞，要换乘多种交通工具才能抵达。村与村之间相距较远，本来建制不大的村加上农村人口大量流失使得人员居住分散，且该地居于雪峰山区，交通不便，党员干部散居于大山各处，党组织活动开展少，服务能力弱。

1.2 村民“冷漠”

随着社会主义市场经济的建立，人民生活逐渐富起来了，但是随着大家庭的解体，集体主义被个人主义冲击，核心家庭逐步形成以及农村贫富差距加大。同其他农村地区一样，很多问题都开始暴露出来。首先，村民参与程度不高，大多数老百姓对村里的事不管不问，有种“事不关己，高高挂起”的心理；其次，村民对基层工作不理解，大部分基层工作人员的现状是一年到头忙死忙活，累得不可开交，说话没人听，做事没人跟，往往吃力不讨好。

1.3 责任主体缺乏积极性

某些村支部，特别是支部书记和支部班子成员在面对距离问题、矛盾冲突和工作压力与日俱增的情况下，没有深刻认识到乡村基层工作的艰巨性、长期性，不能始终保持昂扬的斗志，使得支部核心作用发挥得不够，导致现有基层组织缺乏勇气，没有起到很好的带头作用；基层各部门忙于其他事务，处于“头痛医头脚痛医脚”的局面，疲于奔命，条块分割，缺乏联动统筹。此外，在外谋生的流动人口无法参与进来，他们有意向回乡建设自己的家园，但是缺乏引导。加上乡村基层工作的费用缺乏保障，进一步造成了基层管理工作困局。

2. 乡村治理迎来契机

2.1 新书记上任

梁金华，1983 年出生，2002 年参加工作，15 年来一直在偏远山区工作，基层工作经验丰富，工作能力突出。2014 年 12 月接到上级任命，担任北斗溪镇党委书记。

“刚任书记的时候，乡里马路和路灯都没有修好，手机信号也不好。每次从县城下村开展工作需要换乘三四种交通工具：先乘坐政府的车，然后坐面包车爬坡，接着再搭乘摩托车。每条去村里的路都是坑坑洼洼的泥巴路，没有水泥路，前前后后需要花费 3 个多小时。”梁金华说。镇里道路不畅通，通往县城、村里的道路不健全，存在大量“断头路”；村民们平时煮饭、看电视电压不稳，用电安全问题突出；安全饮水得不到保障；生态环境堪忧，村里到处都是光秃秃的荒山……

深呼了一口气，梁金华告诉自己“乡镇是一方小小的天地，只要做得多，就能有收获，俗话说‘种瓜得瓜，种豆得豆’，为村民做一些实事，老百姓心中自有一杆秤”。

2.2 高铁来了

2014 年 12 月 16 日，沪昆高铁溆浦南站建成通车，到长沙的时间缩短到 90 分钟左右。小镇一下子热闹起来，村民奔走相告，山门被中国社会经济高速发展的契机给打开了，高铁新站的设立成为该镇打好脱贫攻坚战的良好机遇。乡镇一线干部备受鼓舞，但同时还有一些问题突出：高铁大门所带来的思想、文化强烈冲击问题，村民是否能够适应城镇化的生活，村民如何从“冷漠”转变为“热忱”，基层干部在这个过程中发挥怎样的作用，这些都成为北斗溪乡创新治理的重要内容。

2.3 “天空飘来一个镇”

高铁站的建立，使当地人民看到了契机，希望能够搭上高铁的快车尽快脱贫。因工作需要，梁金华等基层干部在县人民代表大会上提议：北斗溪乡、九江溪乡人民居住分散，干部人才队伍不足，建议将溆浦县北斗溪乡、九溪江乡合并建制。怀化市围绕“生态健康养地·高铁明星镇”的目标，号召打造“一极两带”战略节点乡镇。

3. 乡村治理迎破局

3.1 “摸着石头过河”

以梁金华书记为首的乡镇干部经过连续一周的会议，得出结论，认为要从人开始，创新社会治理，最终实现村民的“自我教育、自我管理、自我服务”，乡村治理工作的关键在于人，在于群众的参与。党委政府马上行动，召开镇座谈会3次、村座谈会6次，广泛征求村民代表意见及镇党委指导意见，于4月21日出台了《北斗溪镇创新乡村治理试点工作实施方案》，于4月22日召开了镇政府试点动员誓师大会。

乡镇干部们尝试着手构建一个由党员同志领导、村中能人管理、全体村民参与基层组织的乡村治理新格局。工作开展思路如下：尝试着与镇、村有社会影响力的“五老”、致富能人、产业带头人、人大代表、党员代表等新乡贤进行调查座谈，了解群众思想及试点工作开展的群众基础；深入摸底，了解本村各类人员的情况，摸着石头过河，逐渐夯实基层组织工作。

3.2 “牵牛要牵牛鼻子”

3.2.1 破局——由计生协领导的妇女联合会

因青壮年劳动力大多外出务工，村里剩余人口主要以老人、妇女和儿童为主。“妇女能顶半边天”，首先应该把女同志发动起来。凭着计生协原有的执行力，第一个组织任务就落到了他们身上，配合大量宣传，妇女联合会首先建立了起来。

妇女联合会的成立，既给了计生协转变职能、重新改变自身角色的机会，也发挥了他们的长处。

3.2.2 为村民办实事——红白理事会

农村对结婚、搬家、考学、葬礼等红白喜事非常重视。怎样的流程、怎样规定、日期怎样选定、人员怎样邀请，都有严格的运行逻辑和传统约定。

北斗溪镇干部首先派出了解实际情况的党员，发动乡贤、“五老”和“能人”，共同组成了红白理事会，并给予经费保障，建立了第二个组织，办得红红火火。村民的热情一下子被调动起来，激发了村民的获得感。同时，党员同志的领导作用发挥了出来，在先进思想的引领下，既保留了科学的民风民俗，正确引导了活动举办，也发扬了优秀传统文化。

红白理事会是真正走到了人民的心坎里，同时也牵动了乡村治理工作的牛鼻子。红白理事会与村民的生活息息相关，对村民有强大的约束力，村民都会考虑可能带来的对自身形象以及家事的影响，直接使得后续活动顺利开展，发挥了自治组织的影响力。

3.3 “不走寻常路”

3.3.1 来自干部的质疑——幸福基金会

幸福基金会即北斗溪镇每户村民根据自身家庭情况捐助会费，缴费成为会员，并共同制定幸福基金会章程，财务完全公开，对捐助较多者张榜公布。幸福基金会主要支出为红白理事会的经费，具体数额由幸福基金会章程规定，营造一个“人人为我，我为人人”“一家困难，大家帮”的大家庭局面。

梁金华在作出成立幸福基金会决定的时候，首先遭到了大部分干部的质疑，大家一致反对。因为根据已往的经验，国家免费给村民办事，村民都难以参与，让村民出钱，更是难上加难，将给后续工作开展带来了极大的阻力。

梁金华力排众议，在说明会议上列出三点建议，说服了大家：首先，只有大家都出钱，才会参与、才会关心，不出钱大家自会高高挂起，我们要相信群众，大家都是想把事情做好的，关键在于群众是否相信我们，我们是否值得大家信任，大家的钱交到群众非常信任的人手里，怎样使用，应该由大家来决定，每一笔都要公布出来；其次，我们这些组织的开展必须有经费支持，如果没有合理的经费来源，就持续不下去，所以我们必须收上来；最后，群众有需要，我们要互相抱团，大家现在生活富裕了，不差这些钱。相反，村民们需要互相帮助，我们应注意方式方法。比如，大家都好彩头，我给大家张榜公布。事实证明这种工作思路是正确的，不仅改变了村民“高高挂起”的心态，而且也获得村民的广泛认同。

3.3.2　不一样的修路

在村道干道修理过程中，户户门口道路硬化。梁金华根据自己以前丰富的工作经验，决定采取不同思路，鼓励大家自己硬化道路，方便自己出行，镇里提供水泥、沙子和技术指导。整个工作开展下来，大家干得热火朝天，不亦乐乎，满意度非常高，使原本紧张的费用可以用在其他刀刃上，最重要的是强化了村民的动手能力和参与感。

看着大家的疑惑，梁金华事后说：“其实我也是根据以前的经验，觉得我们首先要相信村民，让大家都有机会参与，其实大家也想参与，就像我们炒菜，别人炒的都会挑剔，自己炒的才最合胃口，不论味道咸一点还是淡一点。”在基层工作中，基层工作人员往往感觉费力不讨好，做了事，大家意见非常多，问题出在哪里，北斗溪镇给了我们答案——给予村民参与感。

4. 乡村治理结硕果

4.1 做特色

由基层干部带头，制定党员“十大红线”，梳理成文，邀请村民监督；乡贤、“五老”、能人联合，制定村民规章制度章程，每个村制定村规民约，每个家族制定族规，从维护党的形象到支持重点项目建设，从尊师重教、敬老爱亲、家庭和谐到讲究卫生、封山育林。最后由每家每户签字确认，张贴，借助广播、公共场合、宣传栏、横幅宣传，大家共同监督。同时配合该镇旅游发展以及口口相传，成为当地特色。

4.2 让村民有获得感

挖掘和发展花瑶文化，对全镇新建建筑外观进行花瑶风貌特色装饰，把北斗溪镇打造成花瑶文化特色镇、旅游事业的一张名牌。推动经济发展，加快北斗溪镇脱贫攻坚致富小康的步伐，使得北斗溪镇成为远近闻名的“香”村，借助交通的优势和基层自治组织的逐渐成型，旅游业开始蓬勃发展起来，村民的收入也从传统的农业为主变成多元补充。

针对年轻人口大量外流，再加上两乡融合、大家的互动明显减少的情况，老年协会建立了起来。镇里提供场地，由年纪不大的老人做饭菜，组织大家活动，大家自由选择参加，一天只要提供 10 元左右，老人们可以相互交流，也能互相照顾。共青团鼓励孩子们周末来这里活动，做一些力所能及的事情帮助老人。关心下一代工作委员会（以下简称关工委，以老同志为主体，党政有关部门、群众团体负责人以及关爱青少年儿童健康成长的各界人士参加的群众工作组织），把培养、教育、促进青少年儿童健康成长与关爱老年人互补了起来。

5. “6+3”自上而下与自下而上的协同治理格局“初长成”

一是“聚沙成塔”，村民们的参与感慢慢培养起来，基层工作的思路打开，自上而下的乡村治理工作得到了村民们自下而上的强烈回应。事后反思，最终定章程，北斗溪镇“6+3”自治组织开始织成了一张强有力的网——“所有群众全覆盖，不同年龄阶段有组织”，推动北斗溪镇各项工作顺利开展。

二是六大自治组织——“计划生育协会+妇女代表会+共青团+民兵营+老年协会+关爱下一代协会”，完善组织机构，把村中口碑好、有影响力、有能力、热心公益、愿意做事的能人、“五老”等人员发动起来，群众组织、社会组织、经济组织成为村“两委”推动农村工作、促进农村发展、建设美丽幸福家园的主力军。按照便于工作管理、便于活动开展、不搞一刀切的原则，在党支部的领导下，各个组织根据本村实际情况和组织工作制定章程，完善机制，开展活动和服务，让组织有存在感、让群众有获得感。

三是经济合作组织、红白理事会、幸福基金会做保障。党风带民风，制定《北斗溪镇村规民约》《北斗溪镇文明办酒倡议书》《封山育林十条禁令》，组织开展“最美家庭”“最美婆媳”等道德模范人物评选活动，每年举办“广场舞大赛”“群众文艺会演”等群众文化活动，革除社会陋习，弘扬文明新风。

在一系列举措后，党委政府、村支“两委”和村民的治理主体关系得以理顺，党组织、政府的引导作用得到充分发挥，基层组织、社会组织、村民的创新意识不断发展。自下而上的协同治理模式初步形成，不仅解决了乡村治理中基层组织建设的核心问题，也走出乡村振兴的创新之路，大家遇事一起想办法，有困难一起克服，村民们感觉自己成了乡村的主人，干部的工作也变得越来越得到大家的拥护，尽管后面还有很多困难，大家却变得越来越有信心。截至目前，各项工作有序进行。

结束语

基层工作辛苦且具有挑战性，在实际工作中，基层干部既需要知道基层民众心中的想法，也需要注意工作技巧，拓宽思路，坚定信心。用好每一分钱，抓住每个机会，用乡村自治的思维来建设乡村。为村民服务，方法总比困难多。在一线工作中，乡镇干部首先做表率，做优秀党员，做社会主义新农村的建设者；其次，要敢于尝试新方法，走到群众的生活中去，走到群众的心里去；最后，扶贫工作不能只靠外力、靠经费，需要充分发动群众，加强群众的自我管理、自我教育、自我服务，打造共建、共享、共治的局面。

思考题

1. 北斗溪镇借助交通发展，深入挖掘自然资源和生态优势资源，形成“6+3”自上而下和自下而上的协同治理格局，这种脱贫和治理模式同其他地区有什么不同，对其他地区有何可借鉴之处？

2. 北斗溪镇在脱贫攻坚路上取得一定成果，但在发展过程中会遇到哪些问题，北斗溪镇是如何化解这些难题的呢？

3. 北斗溪镇在鼓励村民参与公共事务过程中作了哪些努力？

4. 北斗溪镇建立了一系列新型社会组织，这些社会组织之间有无联系，它们在乡村治理中发挥了怎样的作用？

案例使用手册

1. 知识要点

1.1 协同治理

协同治理，是针对特定复杂的公共事务问题，政府组织、社会组织、企业及公众等多元主体各自发挥自身优势，通过建立正式的、跨部门的协同合作关系，实现复杂公共事务有效治理的一种制度安排。从这个定义来看，协同治理包括两个方面的内涵：一是“大协同治理”，即不同性质治理主体之间的协同治理；二是“小协同治理”，即同一性质治理主体内部的协同治理。①

1.2 乡村振兴战略

乡村振兴战略是对“三农”工作作出的重大决策部署。农业农村农民问题是关系国计民生的根本性问题，必须始终把解决好“三农”问题作为全党工作重中之重，实施乡村振兴战略。实施乡村振兴战略的总要求是“产业兴旺、生态宜居、乡风文明、治理有效、生活富裕”，涉及农村经济、政治、文化、社会、生态文明和党的建设等多个方面，彼此之间相互联系、相互协调、相互促进、相辅相成。

2. 案例分析要点

在乡村振兴战略背景下，北斗溪镇创新乡村治理工作，创立一系列乡村社会组织，同时在领导和乡贤、能人的共同配合下，开创北斗溪镇

---

① 赖先进．论政府跨部门协同治理［M］．北京：北京大学出版社，2015：27.

乡村协同治理的新局面。而这种协同治理模式也成为北斗溪镇发展的特色之一，对其他乡村治理发展提供了借鉴。具体而言：

2.1　政策扶持

从外力因素来看，北斗溪镇的发展离不开政策扶持。党的十九大报告提出要通过实施乡村振兴战略来实现“产业兴旺、生态宜居、乡风文明、治理有效、生活富裕”的目标，这为北斗溪镇的发展带来了契机。另一方面，北斗溪乡与九江溪乡合并之后，机构重组，也给工作人员管理带来新的难题；高铁的修建，给领导和村民带来新的冲击，如何应对工作和生活的变化，这些问题都变得迫切起来。

2.2　发挥干部的核心作用

领导干部在乡村治理中的作用不容忽视。一支具有凝聚力的干部队伍作为村民与上级之间的桥梁，要扎身基层，倾听民意，才能真正为群众办实事。在两村融合之后，以梁金华为首的乡镇干部迅速组织人员开会，在征得村民代表意见和镇党委意见之后，出台了《北斗溪镇创新乡村治理试点工作实施方案》，这些发展实施方案为乡村治理提供了方向和框架，同时也让村民了解到发展的改变和动向，理解政策安排。

2.3　创建“6+3”自上而下和自下而上的协同治理格局

首先，发挥乡贤作用。当代乡贤不同于封建礼俗中的乡绅，主要是指目前或曾经生活在乡村社会中，在政治、经济、文化等方面取得成就且具有威望的精英人士。具体包括：农村致富能手、退休干部、道德模范和年长的德高望重者等。乡贤是基层政权、民间团体和普通村民之间联系的“纽带”。北斗溪镇先后发展计划生育协会、妇女代表大会、共青团、民兵营、老年人协会、关爱下一代委员会等自治组织，完善组织机构，把农村口碑好、有影响力、有能力、热心公益、愿意做事的能人、“五老”等人员发动起来。他们作为基层政权与村民之间的桥梁，一方面，倾听民意，了解群众的真实需求；另一方面，同政府机关进行交流，成为反映群众需求的重要的渠道。

其次，激发村民对公共事务的参与热情。农村自治组织和经济合作组织先后建立；开展各种文化活动，如“最美家庭”“最美婆媳”等道德模范人物评选活动、“广场舞大赛”、“群众文艺会演”；在修路的时候，村里提供施工材料，鼓励大家动手参与。农村自治组织的建立、文化活动的开展、修路等提高了村民参与村中事务的积极性，在修路过程中，村民中间形成了相互竞争的机制，村民的精神文明建设也得到了提升。而《北斗溪镇村规民约》《北斗溪镇文明办酒倡议书》《封山育林十条禁令》等乡规民约的建立，也让村民的行为有了约束，在遵守制度的前提下，村民才能更好地理解村中公共事务，参与公共事务。

在一系列举措后，党委政府、村“两委”和村民的治理主体关系得以理顺，党组织、政府的引导作用得到充分发挥，基层组织、社会组织、村民的创新意识不断发展。自下而上的协同治理模式初步形成，不仅解决了乡村治理中基层组织建设的核心问题，也走出了乡村振兴的创新之路。

（执笔人：杨俊、黄益玲、肖春香、崔若轩、刘一丹）

内蒙古“退牧还草”政策实施的困境

摘要：近年来，“退牧还草”政策面临新的情况，内蒙古天然草原的保护与恢复陷入困境。“退牧还草”政策如果仍然按照以前的追求草地面积最大化的方法来实施，不仅不能实现保护和恢复天然草原生态环境的初衷，还会导致天然草原地区牧民的生活质量和生活水平的下降。在推行“退牧还草”政策过程中，由于未能有效地监管相关政策措施的落实，出现了“只退不还”“边退边落后”等现象，其中体现的是政府执行力不高、牧民利益未能得到维护等问题，这些问题始终围绕着经济发展可持续和维护人民群众利益的两大核心点。本案例的重点在于突出“退牧还草”政策在推行过程中遇到的困难，为政府完善“退牧还草”政策贡献一份绵薄之力。

引　言

为了贯彻可持续发展战略，2003 年国务院作出推行“退牧还草”工程的决策，并颁布了一系列政策措施。2011 年 8 月 22 日，国家发改委、财政部、农业部印发《关于完善退牧还草政策的意见》的通知，但这一政策并未得到有效落实，而且还暴露出很多的问题：如监管缺位、项目区域经济发展缓慢、农牧民收入低等。这些问题最终影响政策难以贯彻落实，公共服务部门效率低下。因此，政府要对这些问题给予重视，在发现问题的同时，在解决问题中提高工作效率，改良工作作风，与群众建立良好的沟通关系。将维护人民群众的根本利益作为工作的出发点和落脚点，维护农牧民的根本利益，真正做到权为民所用、利为民所谋、情为民所系，让农牧民共享改革开放的红利。认真接受人民群众的监督，全心全意为人民服务。坚持发扬甘于奉献、大公无私、克己奉公、团结群众的优良传统，为实现“两个一百年”目标添砖加瓦。

内蒙古草原总面积占全区土地总面积的74.5%，占全国草原面积的22%，是我国重要的畜牧业生产基地之一。内蒙古草原气候条件恶劣，生态环境脆弱，草原产草量低下，被破坏后极难恢复。在内蒙古天然草原中，约有30%的草原退化，35%的草原沙化和3%的草原盐碱化，全区70%的草原发生显著的荒漠化。但自然原因并非内蒙古天然草原退化的主要原因，人类不遵守自然规律的不合理行为才是根本原因。随着人口增加，人们对于畜牧产品、耕地、经济收入的需求增加，出现了过度放牧、开垦、乱挖、滥采等现象，人类与天然草原的矛盾不断加大，致使内蒙古草原环境不断陷入生态恶化的恶性循环之中。

1. 内蒙古“退牧还草”政策的出台

随着草原生态的进一步恶化，畜牧业经济发展和牧民增收缓慢的状况日益突现。为了扭转生态治理速度赶不上退化速度的状况，2000年内蒙古制定《内蒙古自治区草畜平衡暂行规定》，2003年国家启动了“退牧还草”工程，安排“退牧还草”试点任务1亿亩。同年3月14日，内蒙古自治区政府召开了全区“退牧还草”工程启动会议，响应国家号召，全面部署了“退牧还草”工作，在天然草原区域开展“禁牧”“休牧”“划区轮牧”等项目。实施“退牧还草”工程期间，对项目区域内的牧民予以粮食和饲草料补助，形成了国家与地方共同启动“退牧还草”工程的良好局面。同时，内蒙古自治区根据地方特殊情况随之配套了相应的保障项目，如草原生态保护补助奖励机制、公益林生态效益补偿制度、巴丹吉林沙漠南缘生态综合治理项目、腾格里沙漠西北缘生态治理区建设项目。2011 年 8 月 22 日，国家发改委、财政部、农业部共同印发《关于完善退牧还草政策的意见》，提出了以下内容：合理布局草原围栏，配套建设舍饲棚圈和人工饲草地，提高中央投资补助比例和标准，饲料粮补助改为草原生态保护补助奖励。同时，国家发展改革委员会同有关部门和地方政府完善工作机制，强化工程监管，严格实行“目标、任务、资金、责任”四到位，省级人民政府对退牧还草工程负总责。

2. 内蒙古“退牧还草”政策实施中的问题

2.1 农民生产成本增加，收入减少问题

开展“禁牧”“休牧”“划区轮牧”等项目后，农牧区牧民面临以下选择：一是舍饲圈养；二是租用非项目户草场；三是暂时放弃畜牧业，转到其他产业。对于牧民来说，舍饲圈养需要重新承担高额的生产成本，而享受的补助仅有饲料粮食补助，需要承担较高风险和代价。而除去有条件进行租用草场的牧民外，其余大部分的牧民只能选择集约型舍饲圈养，这样就加重了牧民在棚圈、运动场地、饲草料、牧业机械等方面的支出负担。虽然 2011 年《关于完善退牧还草政策的意见》提出配套建设舍饲棚圈和人工饲草地，但在此之前项目区牧民承担的成本极大，收入大幅度减少。再加上内蒙古地方财政紧张，地方配套资金到位率比较低，甚至有些地方配套资金实际上大部分由牧户自筹，更为影响内蒙古“退牧还草”项目区农牧民的收入。

2.2 内蒙古“退牧还草”政策实施中的贪污腐败问题

尽管有相关政策严格规定，但仍有人顶风作案。据2016年1月内蒙古区委巡视组巡视结果显示，嘎查（村）干部贪占、虚报冒领、违规套取草原奖补资金问题突出。据阿拉善盟纪委2016年2月通报，个别嘎查（村）领导、村委会主任违反嘎查（村）议事规则，虚报冒领，侵占牧草良种补贴，利用职位便利徇私舞弊、审核不严，造成草原补奖重复领取，给国家和集体造成严重损失。牧民群众对个别嘎查（村）干部贪占、虚报冒领、违规套取草原奖补资金行为意见大，出现对新政策干部有抵触情绪，对“退牧还草”工作的配合积极性极大降低。专项资金使用上的违规行为严重违反了“退牧还草”工程所遵守的公平公开最大化原则，更影响了干群关系及退牧还草工作的进一步推进。

2.3 内蒙古“退牧还草”政策实施中的政策不稳定问题

国务院西部大开发办公室于2004年8月中旬发出通知，将“退牧还草”的补贴形式由“补粮”改为“补钱”，在某种程度上影响到“退牧还草”工程的顺利实施。“退牧还草”政策中明确规定国家在项目实施期限内以饲料粮的形式给牧民发放补贴。面对粮食涨价的形势，牧民在拿到补贴款后，在市场上却无法买回与实施“补粮”时同样多的饲料粮。而在“退牧还草”工程实施初期，政府已和项目区牧民签订了为期5年的补贴饲料粮合同。

2.4 内蒙古“退牧还草”政策影响地区经济发展问题

城乡居民收入差距是城乡二元结构的产物，传统农牧业劳动生产率远低于现代产业的劳动生产率。就内蒙古自治区天然草原项目区而言，产业基础薄弱，以工矿加工及盐硝加工企业为主，发展质量和层次不高，服务业发展滞后，吸收劳动力能力有限。就农牧民本身而言，农牧产品收入需求弹性下降，使得农牧业增产不增收，此外，农牧业生产成本上升，造成农牧业投入成本增加。退牧还草工程开展以后，农牧民外出打工多从事劳务性工作，工资远赶不上城镇居民工资增长速度，参与“转移发展战略”搬迁进城镇后的农牧户，面临高额的住房成本及远高于农牧区的物价水平，在失去生产资料后，所享受的退牧还草工程补偿金不足以支付生活、医疗、教育等方面开支，农牧民增收缓慢，城乡居民收入差距进一步拉大，不利于社会公平，进而影响整个地区的经济发展。

结束语

“退牧还草”政策推行以来，虽然在生态环境的恢复与保护上有所改善，但形势仍然不容乐观，政府在“退牧还草”政策的落实上依旧任重而道远——不仅需要中央政府有正确的方向指引，更需要地方各级政府的积极配合响应。群众、志愿者、公益组织等也应密切监督，多级联动确保政策的有效执行。

思考题

1. 从政策制定方面分析，如何兼顾保护环境政策与经济发展相适应?

2. 在公共执行过程中如何解决“发生在群众身边的不正之风和腐败问题”，请从政策制定者、政府、民众等多方主体的角度分析问题。

3. 通读案例，指出政策不稳定的缘由并提出可行的建议。

案例使用手册

1. 知识要点

1.1　公共政策制定

公共政策制定包括政策议程设置、政策方案规划与方案选定三个环节：

政策议程设置过程，即为社会上各种各样的利益要求进入决策中枢视野，得到决策者的重视并进入以政府为代表的公共权力主体的议事日程的过程。政策议程由系统议程和政府议程两个阶段构成。系统议程，实质上是人民群众共同讨论某个社会问题，并认为有必要提请以政府为代表的公共权力主体采取措施予以解决的过程。系统议程的实质是广大公众向政策系统提出自己的愿望和要求，希望能通过公共政策实现其愿望和要求。

政策方案规划，是指政府在确立政策问题后，通过综合分析公共政策问题的性质、原因及相关利益主体的政策诉求，再结合对政治和社会状况的考虑，拟定出可供选择的政策方案的过程。

方案选定，是指政府经过预置的政治决策程序，对拟定的各种政策方案进行分析评估，权衡利弊，作出决断，确定出最佳政策方案的过程。

不难看出，公共政策制定的过程本质上是一种利益表达和整合的过程。一方面，各政策利益相关方应当积极地通过各种合法的制度化渠道与政府进行沟通，表达利益诉求，提供相关信息，阐明利益的合理性、合法性、正当性，并尽量与社会公共利益紧密联系，以获取政府的支持。另一方面，政府应当通过制度化的公民参与，让公民的要求和愿望能有效反映到公共政策方案中，使公共政策方案真正符合民意，代表社会公共利益。①

1.2 政策执行偏差

所谓政策执行偏差是执行者在实施政策过程中，由于主观因素的作用，行为效果偏离了政策目标并产生了不良后果的政策现象。

---

① 王建军，王建容，唐娟．中国公共政策制定中的公民参与研究［M］．北京：中国社会科学出版社，2018：13.

政策执行偏差主要存在敷衍执行、附加执行、损缺执行、异化执行、照搬执行和拒不执行六种表现形式。

究其原因，政策执行偏差是政策本身质量、政策执行主体缺陷和政策执行机制缺失共同作用导致的。因此，在政策执行过程中，必须强调提高政策本身的质量、优化政策执行主体、完善政策执行机制，以避免政策执行偏差。

2. 案例要点分析

2.1 政策制定如何兼顾保护环境政策与经济发展

第一，思路梳理。政策制定包括：制定政策目标—设计政策方案—论证评估方案—抉择政策方案；

第二，在设计政策方案的过程中，包含了思考问题、勾勒问题边界、寻求实施依据、列举目的和目标、明确政策范围、显示潜在损益、重新审视问题的表述；

第三，论证评估方案的主体人员包括政治领导人、公共组织（司法机构、立法机构、行政机构以及其他履行公共管理职能的组织）、利益集团、大众传媒、专家学者、公众等主体以及考虑到与原有政策的衔接性；

第四，抉择政策方案包括法制工作机构审查—领导决策会议讨论决定—行政首长签署发布—政策议案—审议政策议案—表决和通过政策议案—公布政策议案。

重点分析在公共政策的制定过程中要使环境保护的政策与经济发展相适应，这需要从政策制定的过程入手，在制定政策目标的时候，要在寻求事实的基础之上对某地区环境问题的现状进行深入剖析；在深入剖析的基础上，对本地区的环境破坏进行深入思考，从而勾勒出环境问题的边界，确定公共政策的目标；在目标确认的时候，应该注意将环境保护的政策与积极的可持续发展相联系起来，尽可能地确定一个既能充分保护环境，又能充分保护百姓利益的政策；在政策制定之前充分考虑到多方因素的结合，并且明确该政策的适应范围，尽可能地在文件中将该政策的范围具体化，而不是给出一个相对抽象的范围。在制定政策目标的过程中应该充分了解该政策执行之后会给政策执行地区带来什么样的损益，会给当地居民的生产、生活以及与其相关的利益带来什么样的影响，要实事求是地了解政策目标发生当地的现实情况。设计政策方案，应当充分地将各部门的利益相结合，充分听取各方的利益，尽可能地将各方面的利益考虑进来，熟悉与政策相关的其他政策，使政策在实行过程中做到不与原有的政策相矛盾，在政策的实施过程中不与经济建设相冲突。

环境保护政策与经济发展并不是相违背的，只有在政策制定过程中充分考虑到政策实施的经济发展与人民的利益，政策才能在执行中得到贯彻落实。若与经济发展相冲突，既会使政策在执行过程中达不到预期的效果，又会使当地老百姓感到反感。当地政府在政策的执行过程中应达到经济发展与保护生态共赢。从政策制定方面分析，兼顾保护环境政策与经济发展相适应。

2.2　政策不稳定的缘由以及为解决政策不稳定性问题的可行建议

政策不稳定主要指政策执行过程中，受到某种主客观因素的影响，政策的某一部分或整个环节发生改变，未能确保政策执行的连续性。这种情况会增加人民群众对公共政策的不信任感，不利于公共政策的执行。如国务院在2003年推行“退牧还草”工程时，其补贴形式为“补粮”，但在2004年8月中旬却发出通知，将“退牧还草”的补贴形式由“补粮”改为“补钱”，这会在某种程度上影响到“退牧还草”工程的顺利实施。“退牧还草”政策中明确规定国家在项目实施期限内以饲料粮的形式给牧民发放补贴，面对粮食涨价的形势，牧民在拿到补贴款后，在市场上却无法买回与实施“补粮”时同样多的饲料粮。而在“退牧还草”工程实施初期，政府已和项目区牧民签订了为期5年的补贴饲料粮的合同。变“补粮”为“补钱”的做法难脱政策“朝令夕改”之嫌，在某种程度上误导了牧民的投资方向，以至于降低了牧民对该政策的信任度。

因而，解决政策不稳定还需要加强基础设施建设和配套设施建设。

一是拓宽生态补偿资金筹集渠道，加大资金支持。

二是借力“丝绸之路经济带”，为“退牧还草”工程提供产业支撑，促进产业转型。

三是将项目区农牧户纳入城乡一体养老保险范围，解决农牧民后顾之忧。

2.3 在公共执行过程中如何解决“发生在牧区人民群众身边的不正之风和腐败问题”，请从政策制定者、政府、社会组织等多方主体的角度分析问题

从政策制定者的角度看，作为政策制定者，健全的督查长效机制是预防和惩治腐败的关键武器。一是建立并强化内蒙古自治区各级党政一把手主体责任制和落实“一岗双责”制。二是推动依法“退牧还草”，将“退牧还草”工作引入法治轨道。

从政府自身的角度看，落到实处的政策才是真正的政策，要彻底落实相关法律法规和政策制度。政策的落实一靠思想，二靠激励。

社会组织是反腐倡廉的重要监督力量，要充分发挥社会组织对“退牧还草”政策落实的监督作用。

（执笔人：靳玺霖、张鑫）

山东非法疫苗案

摘要：2016年初，山东济南非法经营疫苗案件引发舆论的广泛关注。未经严格的冷链存储运输的25种儿童、成人用二类问题疫苗流入安徽、北京、福建等24个省（自治区、直辖市）近80个县市。本案例通过回顾山东非法疫苗案的发展过程和调查结果，旨在重点分析两个问题：一是相关政府部门在疫苗的生产、流通、接种的监管过程中出现问题的原因；二是上级政府监管部门如何消除与地方有关部门的信息不对称，以充分了解疫苗的有关信息，切实落实疫苗监管责任。

引　言

疫苗，是人类社会科技发展和文明进步的重要标志之一。14世纪，欧洲瘟疫肆虐，无数人因为感染“黑死病”无法得到救治而死亡。直到18世纪末，英国的爱德华·詹纳发明和推广了接种疫苗法，使得人类在面对天花病等疾病时不再束手无策。这种最初的预防接种方法经过一代代传承，凝聚无数科学家的智慧之后，发展成为现代社会日渐成熟的疫苗产业。口服疫苗、吸入剂疫苗、微针贴片疫苗等特殊疫苗的出现，也给人们提供了更多的接种方式选择。疫苗，早已成为现代社会不可缺少的部分。我国是世界上最大的疫苗生产国，共有 45 家疫苗生产企业，可以生产 60 种以上的疫苗，年产量超过 10 亿剂，能够帮助人们预防 34 种疾病。疫苗与人民的健康息息相关，与公共卫生安全和国家安全紧密相连。

2016 年 3 月，我国山东警方破获一起案值 5.7 亿元的非法疫苗案。此案件一经媒体报道，立即引发了人们的强烈关注。那些流向全国 24 个省（自治区、直辖市）的非法疫苗，使人们陷入深深的担忧与恐慌之中。这些疫苗为什么会出现？它们到底流去了哪里？政府的监管在哪些环节出了问题？我们自己及家人接种的是否也是这类非法疫苗？一旦接种这些非法疫苗会给身体带来哪些危害？这一连串问题，使大众忧心忡忡。人们时刻关注着新闻媒体和搜索引擎的消息，试图更清晰地了解事件的真相……

1. 良知泯灭终究付出法律代价

2017 年 1 月 24 日，山东省济南市中级人民法院对非法疫苗一案开庭宣判，认定被告人庞红卫犯非法经营罪判处有期徒刑 15 年，并处没收个人全部财产，与前罪刑罚并罚，决定执行有期徒刑 19 年，并处没收个人全部财产；对被告人孙琪犯非法经营罪判处有期徒刑 6 年，并处没收个人财产人民币 7432859.4 元。扣押在案的非法疫苗等药品依法予以没收。这对母女因为自身的严重犯罪行为最终受到了法律的制裁。

2010 年，庞红卫与其医科学校毕业的女儿孙琪受利益驱使，开始了她们母女二人违背道德底线，触犯法律界限的勾当。她们在未获取任何药品经营许可的情况下，以网上 QQ 交流群和物流快递作为媒介，从上线疫苗批发企业人员及其他非法经营者处非法购进了 25 种防治乙脑、狂犬、流感等疾病的儿童、成人用二类疫苗①。这些非法疫苗未经严格冷链存储运输，被加价销往全国 24 个省（自治区、直辖市），包括安徽、北京、福建、甘肃、广东、广西、贵州、河北、河南、黑龙江、湖北、吉林、江苏、江西、重庆、浙江、四川、陕西、山西、山东、湖南、辽宁、内蒙古、新疆，最终流向了 300 余名疫苗非法经营人员手中以及少量疾控部门基层站点。

2016 年 3 月 19 日，山东省食品药品监督管理局网站发布了济南市食品药品监督管理局在协助公安机关侦破庞某等非法经营疫苗案件中掌握的 107 条上线线索和 193 条下线线索。

2016 年 4 月 25 日，有关地方食品药品监管部门已查实 45 家涉案药品经营企业存在编造药品销售记录、向无资质的单位和个人销售疫苗等生物制品、出租出借证照、挂靠走票等行为。其中，拟吊销《药品经营许可证》的企业 41 家，已注销《药品经营许可证》的企业 2 家，涉嫌犯罪被移送公安机关正在追查的企业 2 家。

最高人民检察院办公厅（新闻办）主任、新闻发言人王松苗 2016 年 10 月 21 日介绍，山东济南庞红卫等人非法经营疫苗案曝光后，最高人民检察院挂牌督办，山东等地检察机关第一时间介入侦查引导取证，批准逮捕涉嫌非法经营等犯罪嫌疑人 297 人、起诉 68 人、立案侦查涉及的职务犯罪 100 人。

药监卫生部门、公安部门、检察机关以及国务院都对这一系列案件进行协助调查。截至 2018 年 3 月 26 日，在中国裁判文书网查到 2016 年 1 月与“山东疫苗案”有关的刑事判决书 91 份，涉及山东、湖北、湖南、河南、广西、陕西等 18 个省份，137 人因非法经营、滥用职权、

---

① 第二类疫苗，指由公民自费并且自愿受种的其他疫苗。从预防疾病的角度来看，接种第二类疫苗能够使人们的身体健康受到更加广泛的保护。常见的第二类疫苗有：口服轮状病毒疫苗、甲肝疫苗、HIB 疫苗、流感疫苗、狂犬病疫苗等。

毁灭伪造证据、贪污、故意泄露国家秘密5项罪名获刑，其中涉及国家公职（工作）人员64人。

此案中，庞红卫母女购入疫苗共计2.6亿元，销售金额3.1亿元，违法所得近5000万元。庞红卫母女二人的违法犯罪行为，已经严重侵害到社会公众的生命安全，性质十分恶劣。人们花钱自费接种的疫苗，本是预防疾病的手段，如今却成为威胁生命健康的“恶魔”。疫苗安全是人命关天的大事。庞红卫母女的非法所得何尝不是在良知泯灭与违反法律基础上捞的“血淋淋”的黑心钱？

2. 信息不对称——疫苗监管问题的深层原因

山东非法疫苗案，使我们不得不反思我国政府的疫苗监管体系。在疫苗生产、流通、接种过程中，相关部门为何没有切实履行监管责任？这其中存在的信息不对称又该如何有效消除？为了杜绝假疫苗对人民的伤害，扼杀不法分子在医疗领域的所作所为，我们应该深刻反思。

2.1 疫苗生产的监管

疫苗生产企业必须通过GMP① 认证。企业需要具备良好的生产设备，合理的生产过程，完善的质量管理和严格的检测系统，以确保最终产品质量符合相关法律法规要求。随着我国医疗与科技水平的不断进步，疫苗产业不断发展。市场需求的增加使得我国除第一类疫苗②由国

① GMP，全称（Good Manufacturing Practices），中文含义是“生产质量管理规范”或“良好作业规范”“优良制造标准”。GMP是一套适用于制药、食品等行业的强制性标准，要求企业从原料、人员、设施设备、生产过程、包装运输、质量控制等方面按国家有关法规达到卫生质量要求，形成一套可操作的作业规范帮助企业改善企业卫生环境，及时发现生产过程中存在的问题，加以改善。

② 第一类疫苗指政府免费向公民提供，公民应当依照政府的规定受种的疫苗。含国家免疫规划确定的疫苗，省、自治区、直辖市人民政府在执行国家免疫规划时增加的疫苗，以及县级以上人民政府或者其卫生主管部门组织的应急接种或者群体性预防接种所使用的疫苗。

有生产企业提供外，第二类疫苗已经是由国有企业、民营企业、进口企业共同提供。当越来越多的企业加入二类疫苗的生产行列时，国家食品药品监督管理局是否有效掌握了所有二类疫苗生产企业的相关信息，这些企业又是否真正符合生产标准呢？随机抽查企业的疫苗生产情况，是否给了其他没有被抽查企业一些可乘之机？所抽查到的是否为该企业真实的生产状况？是否存在相关人员利用职权非法生产疫苗？这些信息不对称一定程度上造成了不法分子利用疫苗谋财害命的行为。

在山东非法疫苗案件中，庞红卫母女二人向上线疫苗批发人员以及其他非法经营者非法购入了 25 种二类疫苗。而她们的 107 条上线线索之中，陕西上线之一——党翔，经身份核实，是西安市疾控中心原生物制品科科长，并且参股了一家疫苗批发企业。不难想象，在这次事件之前，有关部门在企业的疫苗生产监管方面必定存在着一定漏洞。消除信息不对称，对于疫苗生产企业的制度化、规范化、常态化监管，必须提上日程。

2.2 疫苗流通的监管

疫苗作为一种特殊的生物制品，根据我国《疫苗流通和预防接种管理条例》① 第十六条，其储存、运输的全过程应当始终处于规定的温度环境，不得脱离冷链，并需要定时监测、记录温度。案件当中，庞氏母女利用线上 QQ 交流群与上下线人员联系，然后以快递的形式购入和卖出非法疫苗，而普通的快递运输必然使疫苗脱落冷链，以致成为问题疫苗。为何庞氏母女能够成功地通过快递来运输疫苗呢？我们所实行的

① 《疫苗流通和预防接种管理条例》：https：//baike. baidu. com/item/疫苗流通和预防接种管理条例/7997926？fr＝aladdin.

快递实名制,[①] 是否真正落实到位了，以及对于物流是否进行了有效监管，这都是值得思考的问题。

快递实名制的主要流程包括扫描快递单、验视快递物品、登记姓名和手机号、登记地址和身份证信息、出示身份证、交寄快件、信息录入、企业信息系统。通过对山东非法疫苗案的反思，在落实快递实名制的同时，有关监管部门应该加强与快递公司的合作，实现数据信息的对接，以便有效掌握不合法的物流信息，在疫苗流通领域内实现更加符合大数据时代的监管。同时，对于疫苗的生产地、销售地、接种信息应该建立一整套完善的信息管理系统，只需在电脑系统中输入编号便可查询和了解到关于这支疫苗的所有信息。这不仅是出于安全与监管的要求，也符合未来互联网时代的发展趋势。

2.3　疫苗接种的监管

疫苗接种是关系到疫苗最终流入哪个地方，在何处的接种单位被注射到何人身体中的问题。山东省食品药品监督管理局发布公告，从庞某等处购进疫苗及生物制品的下线线索达 193 条。这些非法购入及接种的下线，躲过了上级部门对疫苗接种的监管。而上级部门对于地方接种单位非法接种的疫苗没有完整备案，以至于没有及时知晓。这种信息不对称要求我们建立健全疫苗的全方位生命周期管理制度。要求对疫苗的品种、生产企业、最小包装单位的识别信息、有效期、接种时间、实施接种的医疗卫生人员、受种者等内容国家食品药品监督管理总局、卫计委都应该清楚了解。截至 2016 年 4 月 25 日，已查实 45 家涉案药品经营

---

① 快递实名制，是指寄快件需要寄件人出示身份证、登记个人信息，然后快递业务员将寄件人身份证号码和手机号录入电脑中一个公安部门安装的特殊软件。2011 年 8 月，绍兴市快递行业的“实名制”推行满一年，公安部将在全国推广快递“实名制”。2012 年 2 月 23 日，邮政快递率先推行实名制。2015 年 11 月 1 日，快递实名制登记正式开始。

企业存在编造药品销售记录、向无资质的单位和个人销售疫苗等生物制品、出租出借证照、挂靠走票等行为。

3. 监管之路未来如何前进

2016 年 4 月 13 日，国务院第 129 次常务会议通过了《国务院关于修改〈疫苗流通和预防接种管理条例〉的决定》。此次修改在三个方面作出了重大改革。

3.1 第二类疫苗的流通方式

针对山东非法疫苗案中暴露出的第二类疫苗流通链条长、牟利空间大等问题，删除了原有条例中关于药品批发企业经批准可以经营疫苗的条款，不再允许药品批发企业经营疫苗。修改后的条例明确规定，疫苗的采购全部纳入省级公共资源交易平台；第二类疫苗由省级疾病预防控制机构组织在平台上集中采购，由县级疾病预防控制机构向生产企业采购后供应给本行政区域的接种单位。

3.2 疫苗的冷链储存和运输

在配送责任方面，修改后的条例规定：第二类疫苗应由生产企业直接配送给县级疾病预防控制机构或者由其委托具备冷链储存、运输条件的企业配送。在强化储存、运输的冷链要求方面，疫苗储存、运输的全过程应当始终处于规定的温度环境，不得脱离冷链，并定时监测、记录温度，按要求加贴温度控制标签。在增设接收环节索要温度监测记录的义务方面，疾病预防控制机构、接种单位接收或者购进疫苗时，应当索要储存、运输全过程的温度监测记录；发现无全过程温度监测记录或者温度控制不符合要求的疫苗时，不得接收或者购进，并应向药品监督管理、卫生主管部门报告。

3.3 完善追溯制度

国家建立疫苗全程追溯制度，使得疫苗信息能够追溯到最终的受种者。生产企业、疾病预防控制机构、接种单位应当依照《药品管理法》、《疫苗流通与预防接种管理条例》和国务院有关部门的规定记录疫苗流通、使用信息，实现疫苗最小包装单位的生产、储存、运输、使用全程可追溯；食品药品监管总局会同卫计委要建立疫苗全程追溯协作机制；对包装无法识别、超过有效期、脱离冷链、经检验不符合标准、来源不明的疫苗，应当如实登记并向药品监督管理部门报告，由药品监督管理部门会同卫生主管部门按规定监督销毁。

结束语

疫苗事件是对人性的鞭策。人们在道德底线与利益金钱面前往往难以抉择，同时容易触犯法律红线。疫苗事件给政府敲响了警钟。在消除上级部门的信息不对称，切实监管疫苗的整个生命周期的道路上，政府需要努力前行。

思考题

1. 疫苗监管新政是如何帮助上级政府监管部门消除信息不对称的？

2. 信息不对称理论已经被广泛应用于政治生活领域。试着用此理论解释这一事件，并思考在此事件中消除信息不对称的有效措施。

案例使用手册

1. 知识要点

1.1 信息不对称理论

信息不对称是一方拥有另一方所不知道的信息，这种状态就是信息不对称。在第一篇有影响的现代信息经济学文献里，肯尼思·阿罗（Kenneth J. Arrow，1963）指出，在医生治疗病人的例子中，病人是委托人，医生是代理人，他们的信息是不对称的，医生是占有信息优势的一方，他可能利用信息优势占病人的便宜。对信息不对称现象进行深入分析的，首推乔治·阿克劳夫（George A. Akerlof，1970）开拓性的旧车（或者二手车）市场模型。在旧车市场模型里，阿克劳夫认为，旧车的质量参差不齐，卖方知道自己车的质量（性能），但买方不知道，买方会按照整个市场二手车的平均质量支付价格。这样一来，那些质量高于平均质量的卖方将会退出市场，市场上留下的都是质量低于平均质量的二手车，导致整个市场车的平均质量不断下降，这就是所谓的“逆向选择”（adverse selection）。逆向选择的极端后果，就是整个市场消失。通常情况下，逆向选择会导致市场运行的效率低下。

信息不对称极易导致消费者利益的损失，有以下三种具体表现形式：一是供给者通过使消费者上当受骗而获得利润，而这时消费者可得到的诸如由民事法庭判定的补偿比管制的代价更高；二是消费者不可能轻易地对收集到的信息作出评价，而犯错误的代价又很高，如在潜在的药物效力方面；三是市场的供给方没有提供所需要的信息，极易导致消费者利益的损失。因此，政府有必要对供给方实施管制，这样就对买方拥有的不充分信息进行了补偿，并降低了其得到信息的成本。①

1.2 政府管制理论

政府管制是解决市场失灵的有效手段。政府应当采取管制手段来纠正市场的主要失灵之处。政府管制弥补了市场机制的某些缺陷，其拥有自己特殊的功能。管制机构具有半司法、半立法的功能，在一定程度上

① 黄文平．我国社会性管制的法经济学研究——基于冲突与纠纷解决的视角［M］．北京：经济科学出版社，2014：27.

代替了法律系统对经济活动的监督职能。其具体形式有：

一是禁止。通过立法的形式强制规定或禁止特定产品或者服务的生产与经营，这是最强硬的管制工具，一般是基于立法基础上的命令。

二是特许。管制机构通过特许制度来控制一些产业或市场的加入，其典型形式是产业或市场准入管制。

三是对价格、数量、质量、费率的控制。

四是信息管制。政府管制机构可以弥补信息的不对称，其可以强制规定厂商必须向消费者提供产品的一些重要信息（产品的成分、功效、价格、售后服务等）。

2. 案例要点分析

山东非法疫苗威胁了大众的生命健康，引发了强烈的舆论反应，促使政府修改条例，完善疫苗监管体制，落实疫苗监管责任。从此案可以看出，政府之前对于疫苗监管存在疏漏之处，而事件发生后修改《疫苗流通和预防接种管理条例》也在政府监管制度上作出了相应的完善。围绕着政府监管理论和信息不对称理论，对于此案例可作出较为深入的解剖。

2.1 政府在疫苗监管上的疏漏

2.1.1 对于各二类疫苗生产企业监管不力

目前，我国有大型疫苗生产企业33家，主要生产品种达49种，可以预防26种传染病。北京、上海、兰州、成都、长春、武汉生物制品研究所是我国最大的六家国有疫苗生产企业，品种、产量、规模等方面是其他企业无法比拟的。疫苗属于生物制品，而由于生物制品的制造成分复杂、工艺繁杂、质量控制水平要求高，我国严格按照《药品注册管理办法》① 对生物制品的注册和质量控制提出高要求。根据2015年新修订的《中国药典》② 的相关要求，生物制品尤其是疫苗类生物制品的质量标准要求相比2005版的药典有了大幅度提升。其中，新增了生物制品生产用原材料及辅料的质量控制规程，对生物制品进行全过程的质量控制。

2016年3月22日前后，国家食品药品监管总局通报了河北省卫防生物制品供应中心、湖南华一生物制品有限公司、陕西益康众生医药生物有限公司、山东兆信生物科技有限公司等9家责任单位涉嫌造成涉案药品流入非法渠道。此后修订的《疫苗流通和预防接种管理条例》中规定禁止药品批发企业经营疫苗，也体现了政府在弥补之前对于市场上零散的企业疫苗生产监管不到位的问题。对于未经过GMP认证的企业，应该对它们进行疫苗生产坚决说“不”。对于在进行疫苗生产的企业，应当采取一套规范的生产监管体系进行审核。这套生产监管体系应该包含企业是否具备生产条件、是否掌握制造疫苗的工艺、是否在生产过程中严格采取质量控制标准、产品是否经过出产检测、生产的包装日期等是否经过登记等一系列方面。同时，上级监管部门应该推动监管人员专业化、监管活动常态化、规范化，不给地方留下钻空子的机会。

2.1.2　流通方面缺乏完善的信息系统

此处的信息系统主要指两个方面。一是上级监管部门对于疫苗生产之后的销售与流通信息并没有完整的信息链。二是随着互联网时代的快速发展，没有做到和其他部门有效沟通与交流信息。

针对第一个方面，修改后的《条例》涉及有关接种记录规定：实

① 《药品注册管理办法》：https：//baike. baidu. com/item/药品注册管理办法/2566520? fr=aladdin.

② 2015年新修订的《中国药典》：https：//baike. baidu. com/item/中华人民共和国药典/3398090.

施接种，应当记录疫苗的品种、生产企业、最小包装单位的识别信息、有效期、接种时间、实施接种的医疗卫生人员、受种者等内容，接种记录保存时间不得少于5年。这就使得疫苗的流通监管上，能够追踪到受种人这一重要环节。

第二个方面要求政府相关监管部门建立健全完整的疫苗生命周期监管数据库。而疫苗生命周期的各个环节，客观上要求政府监管部门要与其他部门进行信息交流与沟通。在物联网方面，应与物流公司共享非法运输疫苗信息，以掌握非法收寄件人的信息。在互联网方面，应与相关网络安全公司达成合作，以掌握线上非法买卖二类疫苗的账号和聊天群等线索，实施全方位有效监管。依靠互联网技术，这些都是可以实现的。

2.1.3　接种方面未有效落实最后一环

监管部门能够有效追踪到疫苗生产、销售、流通、接种的各个环节，这实际上是关于疫苗的全程追溯制度。接种环节是最后一个环节，同时也是至关重要的一环。这关系到疫苗的受种人是谁以及其接种的疫苗是否安全。政府监管部门虽然之前要求各个下级部门在接种疫苗时进行登记备案，实则让一些不法分子钻了空子，使得上级监管部门并未掌握真实的接种信息。

我国新修改的《疫苗流通和预防接种管理条例》第二十一条规定，接种单位应当具备以下条件：具有医疗机构执业许可证件；具有经过县级人民政府卫生主管部门组织的预防接种专业培训并考核合格的执业医师、执业助理医师、护士或者乡村医生；具有符合疫苗储存、运输管理规范的冷藏设施、设备和冷藏保管制度。同时，接种单位购进第二类疫苗，应当获得疫苗储存、运输全过程的温度监测记录，建立并保存真实、完整的接收、购进记录，做到票、账、货、款一致。

2.2 对于非法经营疫苗案件的定性问题

庞氏母女通过非法疫苗买卖违法所得近5000万元。最后两人都因犯非法经营罪分别被判处有期徒刑19年和有期徒刑6年。此次案件性质极其恶劣，也造成了一定的社会恐慌。问题疫苗不仅属于非法经营，是不法分子牟取暴利的工具，而且它们最终流入各个省市，被注入老百姓的身体，成为直接威胁到群众生命健康的“魔鬼”。

为进一步惩治疫苗流通、预防接种中的违法犯罪行为和监管不力现象，新修改的《疫苗流通和预防接种管理条例》加大了处罚及问责力度。一是针对向县级疾病预防控制机构以外的单位或者个人销售第二类疫苗，未在规定的冷藏条件下储存、运输疫苗等严重违法行为，提高罚款金额，增设给予责任人员5年至10年的禁业处罚。二是增加规定未通过省级公共资源交易平台采购疫苗、未索要温度监测记录等行为的法律责任。三是为严格落实地方政府的属地监管责任，增加了地方政府以及监管部门主要负责人应当引咎辞职的规定。四是针对疾病预防控制机构、接种单位违法购进第二类疫苗以及生产企业违法销售第二类疫苗的行为，作了刑事责任的衔接规定。

上述规定中，对于违法人员的责任追究与法律制裁是否能够更加具体，从而在社会上起到警示作用，以遏制其他违法犯罪行为；直接威胁到大众生命安全的问题疫苗，主要违法犯罪人员是否需要以更加严重的刑事犯罪罪名如故意杀人罪被起诉，还是停留在经济犯罪层面追责仍值得商讨。

（执笔人：肖佳妮、陆辉）

消费者维权之坑如何填补

——以“西安奔驰事件”为例

摘要： 2019年3月27日，当事人W女士在西安“利之星”4S店分期贷款购买的进口奔驰跑车在未驶出店门的情况下出现漏油，在双方进行的三次协商中商家“态度反复”，结果双方意见未达成一致。2019年4月11日，“66万奔驰车未开漏油，女车主坐引擎盖哭诉维权”的相关视频博文引起舆论的轩然大波。之后，工商、质监、物价部门组成的联合调查组介入调查，北京梅赛德斯-奔驰销售服务有限公司发布道歉声明，并派调查组赶赴西安。4月13日，车主与4S店高管的谈话录音和“金融服务费”在网上曝光引起了另一波舆论高峰。虽然双方在4月17日达成和解，4S店被处以合计100万元罚款，但是留下的市场监管漏洞和消费者维权之坑何以填补的问题引人深思。

引　言

随着“市场在资源配置中起决定性作用”地位的确立，市场和价值规律在资源配置中发挥着越来越重要的作用，政府主要在法律法规规定的范围内行使审批权，并注重于事中事后的监管。但在现实状况中，市场的自我约束和政府的监管行为都没有发挥实际的作用，还对市场“弱势主体”——消费者的合法权益造成了潜在的损害。

2019 年 4 月 11 日，“66 万奔驰车未开漏油，女车主坐引擎盖维权”的相关视频博文引起舆论的轩然大波。其实，随着高档机动车的质量问题频发，消费者的权益受到损害的事件越来越多，维权事件也时有发生。此事件中折射出汽车销售领域的自发性和趋利性导致的责任推诿和对消费者权益的损害，以及市场监管制度和机制的不健全以及相关主体的履职不力。以“西安奔驰事件”为契机引起了人们对行业自律和市场监管同步上线的广泛思考。

案例发生的具体经过一波三折：

1. 事件起始：糟心的汽车质量和推三阻四的售后服务

2019 年 3 月 22 日，W 女士与西安“利之星”汽车有限公司签订了分期付款购买全新进口奔驰 CLS300 汽车购车合同，被告知要做新车检测（PDI）暂时不能提车，并约定于 3 月 27 日提车。3 月 27 日，车主提车在未驶出经销商店大门的情况下，发现汽车仪表盘的机油故障灯亮起。销售告诉车主只是车辆运输过程中机油存在蒸发现象，建议其给新车加满油。3 月 28 日，车主将车开到 4S 店加机油，又被告知要做系统升级，需要德国厂商配合，建议女车主回去等待，晚上会将车送回车主家中。当天下午，西安“利之星”工作人员给女车主打电话要求见面，说该车发动机漏油，希望从女车主这里得到拆发动机的许可，车主予以拒绝并要求退款或者换车。车主说：“他们答应了，说处理流程会比较长，让我等 3 天，并愿意给我一定的精神补偿。”4 月 1 日，车主打电话询问退款进展，西安“利之星”工作人员表示退款比较麻烦，问能不能换车，还会在之前的基础上再给一定补偿，征得车主的同意后工作人员表示 3 天的时间即可办好。4 月 4 日，西安“利之星”工作人员主动给车主打电话表示："如果这个车换过发动机，我们就卖不掉了。"售后建议，给女车主换一个发动机，但是会给一定的补偿，4 月 8 日即可提车。4 月 8 日，车主再次被要求继续等待，并被告知根据国家"三包"政策，这个车就是换发动机。4 月 9 日，车主向陕西省市场监督管理局 12315 指挥中心、西安市 12345 热线电话投诉，诉请退款退费。当日，高新区市场监管部门接到上级转办立即安排处理，敦促"利之星"4S 店依法妥善解决消费者投诉。当日下午，车主又到"利之星"4S 店继续和店方协商，要求签订退车退款书面协议，无果。

2. 舆情中的事件升级：官方介入与双方交锋

4 月 11 日，"奔驰女车主哭诉维权"的视频在网上一经传播，使事件舆论热度达到了第一个高峰。同日，西安当地成立由工商、质监、物价部门组成的联合调查组，调查涉事门店汽车质量问题。当天下午，西安"利之星"奔驰 4S 店公关部表示双方已达成和解。4 月 12 日，车主在接受陕西媒体采访时，否认与 4S 店和奔驰官方达成友好协商。4 月 13 日上午，车主在西安市市场监督管理局高新区分局与联合调查组会面并提交材料，提出 8 个诉求。同日下午，北京梅赛德斯-奔驰销售服务有限公司通过其官微就"奔驰车主哭诉维权"一事首次发布道歉声明，并安排工作小组前往西安。当日晚上，车主与西安"利之星"高管见面。随后双方就此事件谈话的录音曝光，车主就通过微信转入该店工作人员账号的 12575 元的"金融服务费"提出质疑，使事件舆论热度达到第二个高峰。

3. 舆论旋涡：双面舆论与监管之行

4 月 14 日，网上传出关于车主借车炒作的言论，形成了"对车主的批评"和对"4S 店谩骂"的双面舆论。随后车主声称接到恐吓电话，再度引发舆论热议；随着奔驰 4S 店负面新闻链式曝光，多起“女子车顶维权行为”被媒体披露。同日，西安市互联网信息办公室在官方微博发布消息称，涉事 4S 店涉嫌质量问题已被立案调查，市场监管部门责成该店尽快退车退款。4 月 15 日，西安市市场监督管理局高新分局封存涉事的奔驰轿车，并委托有资质的检测机构对车辆进行检测。银保监会要求北京银监局对奔驰汽车金融开展调查。西安税务部门对“利之星”4S 店涉嫌偷税漏税介入调查，并向西安“利之星”4S 店财务工作人员调查取证。

4. 事件结尾：和解的达成与长远影响

4 月 16 日晚，据西安市市场监督管理局消息，奔驰公司、西安“利之星”汽车有限公司相关负责人与“奔驰车主维权事件”当事人再次进行沟通，双方就换车、补偿等达成和解协议。其中商家送出的“和解大礼包”还包括补过生日、赴德国参观车厂、10 年 VIP 等。

5 月 27 日，陕西省西安市高新区市场监管部门通报了“女奔驰车主维权事件”中汽车销售企业涉嫌违法案件调查的处理结果，西安“利之星”汽车有限公司存在有销售不符合保障人身、财产安全要求的商品，夸大、隐瞒与消费者有重大利害关系的信息误导消费者的两项违法行为，被依法处以合计 100 万元罚款。

陕西省市场监督管理局发布通知，从 4 月 15 日至 6 月 15 日，开展为期两个月的汽车消费领域专项执法行动，执法重点包括：涉嫌欺诈消费行为、涉嫌强制性消费行为、涉嫌商业贿赂行为、涉嫌利用格式条款侵害消费者权益行为、涉嫌侵害消费者个人信息行为和其他侵害消费者合法权益的违法行为等。

中国消费者协会回应奔驰车主漏油维权事件称汽车销售金融服务等应明码标价。4 月 17 日，中国消费者协会举办“推动解决汽车消费维权难座谈会”，指出：汽车销售金融服务等应明码标价，杜绝强制交易；经营者应当诚信、快捷解决消费纠纷；探索建立汽车消费领域信用公示机制；呼吁全社会共同树立消费者优先观念。.

结束语

“西安奔驰事件”中奔驰 4S 店“推诿赔偿”，加之随后引发的“以闹维权”“违规汽车服务费”等衍生话题，将奔驰 4S 店甚至是整个汽车销售行业送到了舆论聚光灯下。此事件中不仅市场缺乏自律，同时媒体舆论倒逼下的市场监管还体现出了市场监管的乏力。如何保障商家与消费者之间的平等地位，阻止“以闹分配”式维权现象的延续，加强市场监管体制机制建设，强化市场的自律、更好发挥社会组织的作用、促进消费者敢于维权和理性维权，构建有效的消费者维权体系是政府、社会、市场共同思考的问题。

思考题

1. 请分析回答网络舆论在消费者维权的过程中发挥的作用。

2. 请问你如何看待舆论风波前后政府、市场、社会不同主体态度和行为的变化?

3. 试分析在破除“以闹维权”的困境中政府监管与市场自律的应然关系。

案例使用手册

1. 知识要点

公共治理理论

公共治理是指政府、社会组织、私人部门、国际组织等治理主体，通过协商、谈判、洽谈等互动的、民主的方式共同治理公共事务的管理模式。与传统的公共行政相比，公共治理不再是自上而下，依靠政府的政治权威，通过发号施令，制定和实施政策，对公共事务进行单一化管理。它强调的是主体多元化、方式民主化、管理协作化的上下互动的新型治理模式。其通过在政府、社会组织、社会民众以及其他利益关系主体之间建立权力依赖与合作的伙伴关系，共同参与社会公共事务的管理，以最大限度地增进公共利益。公共治理具有治理主体的多元化、治理机制的多样化、主体间的伙伴关系、政府的"元治理"角色四个主要特征。

2. 案例分析要点

分析"西安奔驰事件"，我们可以发现商家的责任推诿、政府的监管滞后、媒体的双面效应、消费者的理性维权是该事件中相关主体的具体状态。此事件中不仅缺乏市场自律，舆论倒逼下的市场监管还体现出了市场监管的乏力。如何保障商家与消费者之间的平等地位，阻止"以闹分配"式维权现象的延续，加强市场监管体制机制建设是政府、社会、市场共同思考的问题。接下来分析公共治理理论这一诞生于西方的理论，探讨形成消费者维权过程中多元主体良性互动的"善治"

路径。

2.1 公共治理理论对消费者维权的适用性

2.1.1 对消费维权体系目标的适用性

消费维权体系作为一种特殊的社会管理机制，其目标是保护消费者的合法权益，实现消费者放心消费、理性消费，经营者公平竞争、诚信经营，政府高效行政、监管到位，最终实现公共利益的最大化。公共治理理论的目标是通过在政府、社会自组织等第三部门、社会民众以及其他利益关系主体之间建立权力依赖与合作的伙伴关系，共同参与社会公共事务的管理，以最大限度地增进公共利益。从根本上来讲，消费维权体系和公共治理理论的最终目标都是实现公共利益最大化。因此，公共治理理论在目标上适用于消费维权体系。

2.1.2 对消费维权体系基本要素的适用性

消费维权体系涉及体系的参与者和运行机制两个基本要素。首先，消费维权体系的参与者具有多元性，它包括政府、消费者协会、行业协会、社会监督力量、消费者群体。从这一视角来看，公共治理理论倡导的治理主体的多元性，也适用于消费维权体系。其次，消费维权体系的运行机制涵盖消费维权的政府监管、行业协会自律、社会监督等多个方面，这些运行机制既有他律，也有自律；既有刚性的，也有柔性的制度安排。公共治理理论的基本特征之一为公共治理机制的多元化，从这一角度来看，公共治理理论同样适用于消费维权体系。

2.1.3 对消费维权体系改革和完善的适用性

传统消费维权体系由于存在权力配置不合理、治理主体职责定位模糊、维权效能低下等缺陷，已经无法满足消费者的合理诉求，无法有效维护消费者的合法权益，而公共治理理论倡导的治理主体多元化及主体间伙伴关系、政府“元治理”、治理机制多样化等基本理念和方法，可以给传统消费维权体系改革以很大的启发，顺应了消费维权体系改革的需要。从这个意义上来说，消费维权体系改革和完善仍然适用公共治理理论的指导。通过对消费维权体系这类案例研究，可以进一步丰富和扩展公共治理理论的内涵。

2.2 消费者维权的现实困境

2.2.1 地方政府监管的困境

首先，政府的监管困境主要体现为部门职责不明。有些职能部门存在权限划分不明、职责交叉、多头管理的现象，容易导致部门间的互相推诿而产生不协调和不一致。在受理消费者申诉方面，也容易造成各部门履责范围不清，导致推诿敷衍。

其次，政府部门职责划分复杂，群众遇到问题不清楚应该找哪个部门，如案例中车主试图拨打110。

最后，虽然政府一直在推动市场综合执法、联合监管的改革模式，但通过案例可以发现至少成效在陕西省不是特别明显。从表面上来看，各行政部门在各自的管辖领域内行政监管，相互弥补。但消费侵权行为牵涉多部门时，就可能出现各执法部门因分工不明、受理范围不清、主次难分，不积极主动采取行动，相互推诿、相互扯皮的现象。

2.2.2 消费者维权意识与维权途径的分离

很多消费者在自己的权利受到侵害时，不会充满理性，而是碍于情面或者嫌麻烦，往往自认倒霉、听之任之。消费者对经营者一味忍让，不仅自己的利益会受到损害，还会纵容经营者任意妄为。消费者轻率地放弃自己的维权权利是不宜提倡的，这种做法也是缺乏社会责任感的。

此外，维权途径虽多，但难以发挥实效。维权一直以来是保护消费者权益的关键话题。我国消费者权益保护法第三十九条作了规定，目前我国为消费者提供了包括协商和解、调解、投诉、仲裁和诉讼五种维权途径，但在实践中，消费者权益受到侵害后，如果协商不成，首先想到的是向消费者权益保护协会投诉，其次是向人民法院起诉。实际上消费者协会的力量过于薄弱，有些问题并不能解决；而诉讼费时费力，成本较高。可见，这两种方式并不是解决纠纷的最佳途径。消费者权益纠纷的仲裁机制有着自己独特的优势，此方法却往往被消费者忽视。

2.2.3 消费者维权成本和市场主体违法成本的悬殊

消费者维权成本高主要体现在：

一是经济成本高。消费者权益受到侵害后在与商家协商或向消协、工商部门投诉无果后，仲裁和向法院诉讼都会承担一定的受理费和律师费。

二是精力成本高。一部分消费者在维权时如果碰到推诿、拖延的经营者，在各个解决纠纷的环节都被拖延，维权时间太长，会导致消费者耗尽心力而选择放弃维权。

三是风险成本高。消费者在纠纷解决过程中经常会出现诸如受到恐吓和骚扰的情况，以及个人信息遭到泄露，甚至在网络舆论中出现被指“卷款跑路”陷入欠款疑云等负面消息。

此外，处罚者所得到的处罚相对较轻，缺失形成市场自律的动力机制。《中华人民共和国消费者权益保护法》第五十六条规定：可以根据情节单处或者并处警告、没收违法所得，处以违法所得一倍以上十倍以下的罚款，没有违法所得的，处以五十万元以下的罚款，情节严重的，责令停业整顿，吊销营业执照。但五十万元对一些企业而言并不多，且跟制假售假的高额利润相比，并不足以迫使其停止制假售假行为。

2.3 网络舆论的两面性和社会组织的缺位

在新媒体时代，网络舆论可能具有其他工具不能替代的能力。在消费者维权的过程中，合理地运用可以帮助消费者与广大网友形成“同盟”，共同抵制强大的侵权公司以捍卫自身的正当利益。同时，虚拟平台的信息真伪具有不可辨别性，既可能被处于强势地位的侵权企业所收买，操控舆论发展，在“西安奔驰事件”中出现的车主炒作，以及事件解决之后的女车主涉嫌诈骗的消息就是例证，同时不排除“消费者”故意炒作的可能性。因此，网络消息的不确定性以及网络舆论的两面性可能把消费者维权带偏。

此外，社会组织的弱势、不成熟和在日常市场监管中的缺失是消费者维权或预防消费者权益受侵害的主要障碍之一。一方面，消费者维权过程中展现出来维权组织类型单一、数量不足、力量弱小和话语权缺失等问题；另一方面，消费者维权组织和市场行业组织没有形成日常的监督发生机制和自律机制，没有形成政府内外对市场监管的无缝对接。

2.4　公共治理理论下消费者维权的“善治路径”

2.4.1　完善以政府为主导的消费者维权保障体系

第一，借助“党和国家机构改革”和“放管服”改革的契机。一方面，在地方以统一的市场监管体系为前提，对市场监管的职能有效整合，将职能重合、互为前置、职责不清的机构重组或联合执法、统一行动、信息共享。另一方面，要加强政府信息公开和编订完善的政府工作指南，做到消费者有事找政府和消费者有事知道找哪个政府机构。

第二，完善消费者维权法律保障体系。既要从法律规范体系着手，并借鉴国外法律规范的可取之处，明确购买过程和使用过程中的权利和义务，以使消费者和商家建立公平的交易机制，从而加大对不良商家有意侵犯消费者合法权益的惩戒力度，提升商家“违法”的成本；又要从法律保障制度着手明确和细化商家的收费制度，维护保障消费者的知情权；并建立较为合理的外企监督管理机制，规范外企在华的企业和员工行为，以及建立完善的消费者纠纷行政裁决制度、公益诉讼制度以及相关的法律援助制度。

2.4.2　构建多元的消费者维权社会组织格局

打造“党委领导、政府负责、社会协同、公众参与、法治保障”的社会治理体制是国家治理体系和治理能力现代化建设的重要组成部分。随着经济社会的发展，社会的自主性越来越高，对社会自治能力的要求也越来越高。基于此，一方面，要加强消费者协会等社会组织在消费者维权过程中的作用，制定有效政策，使之在政府、市场、消费者之间扮演沟通桥梁角色；另一方面，应提升各类消费者维权的志愿组织的能力，政府着重培养、扶持并提升组织理性，发挥有效解决消费者维权事件的推动作用，发挥对市场的日常监管作用。

2.4.3 加强市场自律和自我监管机制的建设

行业协会的发展，除了需要政府对其进行行政方面的管理、社会对其进行监督外，还需要行业协会的自我管理。加强行业协会内部组织的发展，完善工作机制、运行方式、组织结构并提升工作人员的工作能力，推进在对企业监管、组织协调等方面的作用。建立有效的解决纠纷机制时，“内部矛盾，内部解决”是行业协会进行自律，实现自治的重要标志。一个行业内部的争端如果势必诉诸诉讼等业外资源，我们难以说这个行业是完全自律的。解决纠纷机制的建立健全满足了这一要求，使当事人可以选择纠纷的处理方式来实现自身的诉求，并且得以快速解决争端，提高行业的运作效率。

2.4.4 开展消费者宣传教育活动，引导消费者理性维权

政府要提高对社会消费的重视程度，充分发挥教育引导功能，逐步将消费教育转变为政府行为，推动消费教育事业长效、持久发展。消费教育引导是否有效，很大程度上取决于教育的途径和方法是否正确。因此，要积极探索现代化的消费教育和引导途径，建立健全消费教育宣传引导机制，拓展消费教育渠道。一是发挥传统媒体作用。信息化时代的今天，要充分发挥媒体的作用，在全面范围内开展日常宣传教育活动，扩大正面宣传，大力宣传科学消费知识，转变消费者的消费观念和消费方式。二是发挥新兴媒体作用。不仅要充分利用互联网发布的信息，更要充分利用互联网的特性，建立和完善全国性和区域性的消费教育平台，

开展在线论坛、在线课堂，实现消费教育引导的时效性、互动性，扩大消费教育引导的覆盖面，增强消费教育引导的影响力。

2.4.5 搭建“互联网+消费维权”平台，形成多元主体的良性互动

在“互联网+政务服务”的时代，地方政府和工商部门应该以此为契机，以原来各部门投诉平台和全国12315互联网平台为依托，进行优化整合，构建一个“互联网+消费维权”的新平台，开通一条多入口、24小时接收投诉举报的维权渠道。消费者不仅可以通过电话投诉，还可通过手机App、电脑、微信等方式进行投诉。消费者诉求实现处理透明化、便捷化，为消费者提供消费维权服务更加高效便捷的载体。要充分发挥这个平台的大数据分析应用功能，实时监测本辖区内消费者诉求信息，动态分析消费者诉求热点，使各级工商和市场监管部门及时掌握当前市场秩序情况，有针对性地加强事中事后监管及消费提示警示。同时，还可以分析消费者诉求与经济、产业政策之间的关系，为政府制定宏观政策提供建议和参考。

（执笔人：王绪）

地方政府如何实现从“被扶”到“致富”的成功逆袭

——以新化县产业脱贫发展历程为例

摘要：贫困一直是全球广泛关注的重大难题。地方政府作为中央政策在地区落地生根的实践主体，是连接中央政策与地方民众的重要中枢，是为当地谋发展、促经济的执行机关。本案例主要讲述了1994年被定为国家级贫困县的新化县政府，在25年的扶贫之路中，如何发挥自身职能、探寻精准扶贫之路，使扶贫工作从成效较低到颇有成就，在全省乃至全国创造电商奇迹，实现从“被扶”到“致富”的成功逆袭。

引　言

2015年10月16日，习近平总书记在“2015减贫与发展高层论坛”发表主旨演讲时表示：“全面小康是全体中国人民的小康，不能出现有人掉队。未来5年，我们将使中国现有标准下7000多万贫困人口全部脱贫。这是中国落实2015年后发展议程的重要一步。”并指出，将把扶贫开发作为经济社会发展规划的主要内容，实施一系列更有针对性的重大发展举措。从1989年被定为湖南省扶贫开发重点县，到1994年被认定为国家级贫困县，新化县在扶贫之路上可谓是跌跌撞撞。从前期的低效能扶贫到后期红红火火的电商扶贫，新化县地方政府到底是如何展开扶贫工作的？是什么原因导致扶贫工作前期低效能？该县后期又作了哪些努力？

1. 伊始：榜上有名贫困县

新化县，位于湖南省娄底市，是湖南的人口大县、国家扶贫开发工作重点县。1994年被认定为国家扶贫重点县，2011年被列入武陵山片区区域发展与扶贫攻坚规划片区县，2014年有建档立卡贫困人口12万余人，脱贫任务十分艰巨。在开展有效扶贫工作前，该县为传统农业大县，以传统种养殖业和煤炭、建材等资源型经济为主，工业发展非常薄弱，人均收入大大低于全国平均水平。

2. 曲折：扶贫成效甚微，转向精准扶贫

2.1　前期（1994—2008年）

从1994年到2008年，该县在扶贫工作的进展上一直止步不前。大量的扶贫资金被浪费，基础设施建设也并无明显进展，尚未形成重要的支柱性产业和有效长久的减贫机制。由于缺乏有效的监督机制，该县大量扶贫资金被浪费，甚至被挪用、在寻租中被损耗。2008年5月，媒体发表的一篇名为《一个国家级贫困县的14年》的文章里，就指出了新化县扶贫工作的无效能。

2.2　过渡期（2008—2014年）

从2008年到2014年，新化县按照以往惯例，扶贫工作一直照常进行。对比之前，新化县的面貌有所改善，但也并无重大进展。

2.3　精准期（2014—2019年）

2014年8月15日，新化县召开精准扶贫会议，确定155个重点产业扶贫示范村。从此，精准扶贫工作开始在新化县正式开展，自从开始实行精准扶贫以来，新化县的变化日新月异，整个县发展的内生动力被激发，与以前大不相同。

3. 探索：扶贫思路新变化，产业扶贫好方法

2016年10月20日，新化县召开全县扶贫政策解读及业务培训会议。为突破产业扶贫欠缺、全面贯彻精准扶贫决策部署，扶贫内生动力不足的现实困境，把产业扶贫上升到政策层面。

3.1 促进旅游业发展

新化县充分利用该地的自然资源和历史文化资源，大力推动旅游业的发展。除了利用天然优势之外，新化县加快基础设施建设，为旅游业发展助力。为了配合新化县水车旅游景点紫鹊界梯田的开发，加快完善基础设施，新化县水车镇紫鹊界村扶贫公路（通院落）改建工程竞争性磋商成交结果于2018年12月12日在招标网公布。

3.2 工业入园发展

除了发展旅游业、光伏发电等新型绿色产业外，新化县极力引导工业入园发展。新化的工业主要是石材、煤炭、电子陶瓷等，入园发展是其主要发展方向。工业入园即把散布在各个地区的工业集中起来，以期能产生集约效益。发展工业入园，也可以吸纳更多农村劳动力就业，减少当地劳动力流失，增加脱贫内生动力。

3.3 就近帮助贫困户就业

在易地扶贫安置点附近设立扶贫工厂或扶贫车间，这是就近扶助就业、产业扶贫、精准扶贫的好方法。新化县的劳动密集型产业，如文印、电子陶瓷较发达，从业人员不需要太高的文化知识水平，可以吸收较多贫困地区的劳动力。

3.4 发展特色农产品产业

新化县是历史悠久的传统农业大县，在地理位置、经济地位、资源开发等方面并无特殊优势，反倒是山路崎岖、交通不便一直限制当地发展，不利于大力发展工业，因此该县因地制宜，培育了特色农业。在农业发展类型方面，新化县根据当地的气候、土壤等地理环境的特点，充分发挥生态和历史种植传统的优势，打造“龙头企业+合作社农户”的利益链模式，实施产业扶贫三年行动方案。在贫困户方面，政府鼓励其进行养殖，一只鸡补 20 元，一头猪补 500 元，一头牛补 800 元，一亩中药材补 800 元，一亩油茶补 1500 元，补助力度非常大。

4. 深入：产业扶贫初见效，电商扶贫再接上

4.1 成果

在新化县致力于产业扶贫后，该地的文化旅游、新能源新材料等工业园区经济有了较大发展。在政策的扶持下，新化的特色农业发展也非常迅速。

4.2 思虑

当地发展版图里，新化的传统特色农业占了很大一块，该县十分注重打造有一定知名度和美誉度的品牌。目前，已有新化红茶、新化黄精获得了中国地理标志认证商标，君山银针、白溪豆腐、新化水酒等特色产品也颇具名气，但面临的大问题是特色农产品的规模初成后，接下来如何打通销路?

4.3 新思路

电商扶贫是个好方法，可以去农村开拓市场，为农村商品流通打通双向通道。发展农村电商是脱贫攻坚的有力武器。新化县非常注重电商平台的搭建，相继引进了湖南众高、光大银行购等平台。2018 年 5 月

25 日，新化县电商产业园正式开园。

4.4 限制

受山区的地理因素与农村落后的基础设施限制，“电商+扶贫”的“最后一公里”物流问题仍需继续解决。

5. 成效：再接再厉齐发力，乡亲相爱共欢颜

2017 年，新化县以湖南省第一名的好成绩夺得国家电子商务进农村综合示范县殊荣。

2018 年，全县的电商交易额为 28 亿元，网络零售额 6.78 亿元。其中，204 个贫困村利用电商平台销售农产品交易额 4800 万元，每个贫困村交易额平均达到 23.5 万元。

结束语

乡村振兴的核心在于产业的兴旺，县域经济的发展关键在产业。新化县后期注重产业扶贫，在这方面作出不少努力，与前期扶贫相比，效果好了不少，相信该县在电商扶贫的作用下，未来发展能越来越好。扶贫工作是一块难啃的骨头，需要地方政府创造性地贯彻中央的政策，注重行政效能，提高服务水平，有企业型政府的意识，具有转换发展新思路的创造力，致力于服务人民，切实履行好职能，真心为人民谋利益、求发展的态度，才能将工作落实到位。

思考题

1. 新化县的“产业扶贫”的脱贫模式对于其他贫困地区实现扶贫、脱贫有什么借鉴之处？

2. 产业扶贫是“授人以鱼”向“授人以渔”的转变，从目前来看，发展产业不失为贫困地区“造血式扶贫”的好办法。贫困户参与度低是“特色产业扶贫”的一大难题，如何做好群众工作，让他们更加积极地参与“产业扶贫”？

3. “产业扶贫”是“精准扶贫”的核心。新化县的“产业扶贫”虽然取得了很好的成绩，但其中也出现了许多的问题，如何才能妥善地处理好这些问题并进一步促进产业脱贫的良性循环？

附录

新化县产业扶贫相关政府文件

颁布时间	颁布部门	文件名称	主要内容
2018/9/15	湖南省农业委员会 湖南省扶贫开发办公室	关于进一步加强产业扶贫的指导意见	为打赢打好脱贫攻坚战，有效解决产业扶贫中存在的问题，进一步做好产业扶贫工作，促进有劳动能力的贫困人口通过发展产业脱贫致富，提出的具体意见
2019/3/8	湖南省人民政府	中共湖南省委湖南省人民政府关于落实农业农村优先发展要求做好“三农”工作的意见	对标全面建成小康社会“三农”工作必须完成的硬任务，抓重点、补短板、强基础，坚决打赢脱贫攻坚战，深入推进三个“百千万”工程，确保顺利完成2020年农村改革发展目标任务
2018/6/7	新化县农业局	新化县产业精准扶贫规划（2016—2020年）	主要介绍了新化县2016—2020年精准扶贫的主要依据、适应范围、起止年限、新化县产业扶贫现状分析以及解决对策
2017/12/31	新化县政府办	新化县电子商务进农村综合示范项目中央财政资金使用管理办法	规范该县电子商务进农村综合示范项目中央财政资金管理，提高资金使用效益，加快电子商务在该县的推广和应用，确保电子商务进农村综合示范项目顺利实施，制定资金管理办法

续表

颁布时间	颁布部门	文件名称	主要内容
2018/5/22	新化县政府办	关于做好2018年农村电力扶贫项目建设工作的通知	为圆满完成电力扶贫项目建设任务，加快实现贫困群众从“用上电”到“用好电”的转变，为全县“脱贫摘帽”和推进“乡村振兴”打好基础，现就相关工作提出如下要求
2017/4/21	新化县政府办	关于进一步做好金融扶贫服务站助农取款服务点和农村电商服务站融合共建工作的通知	将新化县贫困村的金融扶贫服务站、助农取款服务点和村级电商服务站融合共建，成立电商金融扶贫服务站，打造“一站多能、一网多用”综合服务平台，实现农村金融服务与电商发展的深度融合

案例使用手册

1. 知识要点

1.1　扶贫

扶贫是指政府、社会之间通力配合，对贫困地区和贫困人群通过直接和间接的方式来提高经济发展水平，改变贫困现状，最终脱离贫困的一项长期性的社会工作。在不同时期，扶贫重点和扶贫方式都有所不同。从字面上可以简单地拆分为动词“扶”和名词“贫”两方面来理解。何谓“贫”?“贫”是指穷，收入少，生活困难，与“富”相对。主要表现在经济收入或精神状态上的贫困，是一种物质生活缺失和精神生活匮乏的社会综合现象。

1.2 反贫困

在人类同贫困不断作斗争的过程中，从反贫困的过程来看，对反贫困的表述主要有三种：减少贫困、减缓贫困和消除贫困。减少贫困强调减少贫困人口的数量；减缓贫困强调反贫困的重点在于减缓贫困的程度；消除贫困则强调反贫困的目的是最终消除贫困，也是反贫困的最终目标。中国在反贫困过程中，习惯于用“扶贫”来表示反贫困的具体行为过程。在衡量反贫困所取得的成就方面，国际社会通常采用一系列的指标来反映。这些指标包括人均GDP和基尼系数为代表的经济指标，也包括以婴幼儿死亡率、中小学入学率以及预期寿命为代表的社会指标。

1.3 企业型政府理论

企业型政府是近些年来公共行政领域出现频率较高的一个概念，它的理论要义是指企业型政府领导和部门管理者应富有企业家精神，把企业经营理念、方法和技术运用于政府管理与服务，以企业管理运行模式和绩效评价模式激励公务人员积极主动履职，改变以往僵化、低效的官僚组织体系，创造政府活力和执行力。从当前西方发达国家构建服务型政府的经验来看，学习和运用私人企业创建的管理方法、管理模式和管理机制，不仅促进了各级政府及行政部门的管理效能和服务质量的提升，而且有效缓解了官僚体制与经济全球化带来的竞争压力，亦得到了社会和公众的普遍认可。

新化县政府领导及各部门管理者在企业家精神指导下，吸纳并运用企业管理经营理念、思维、模式和运行机制，改革传统的组织体制和行政原则，使其具备服务意识和创新动力，从而成为高绩效的政府组织，不仅成功地带领基层民众脱贫，还大大促进了当地经济的发展。

1.4 参与式发展理论

参与式发展治理作为贫困治理理论的重要组成部分处在不断发展和

完善的过程中。“参与”是指参加某项活动的权利，实质是指基层群众被赋权参与社会生活的过程，“参与式发展”被广泛理解为“在影响人民生活状况的发展过程或是发展计划项目中的有关决策过程中的发展主体的积极的、全面介入的一种发展方式”。新化县大多数村民的文化水平比较低，思想比较保守，主观脱贫意识比较差，且没有危机感；再加上他们的信息渠道有限，接受新知识、新科技的能力差、机会少，且缺乏科技务农意识，导致他们参与产业扶贫的力度和信心不够强，产业扶贫发展较慢。在后期脱贫工作实践中，新化县以支持鼓励基层群众参与的具体行动为手段，有效提高了我国地方政府脱贫攻坚的社会参与效率。贫困人口通过自身参与发展的活动，不仅能够获得知识储备，提高解决问题的能力，还能够大大提高脱贫意识和增强摆脱贫困的社会期望，从心理上能够提高贫困群众的积极性和主动性，有利于推进地方政府脱贫攻坚工作的进行。

2. 案例分析要点

2.1　地方政府工作扶贫中存在的缺陷与不足

位于湘中的新化县作为一个农业大县，地理位置并无突出之处，也没有丰富的自然资源，交通条件也并无优势，工业基础尤其薄弱，贫困人口的基数极大，教育程度不高，人口素质有所欠缺，扶贫工作并不容易展开。在前期扶贫时，扶贫工作的低效能、资源配置效率不高，除了与新化县的贫困程度有关之外，地方政府工作存在以下问题：

2.1.1　政策执行的无效率

新化县在前期扶贫时，扶贫资金没有用到刀刃上，地方县政府采用大水漫灌的方式扶贫，没有找到发力点，并未收获明显成效。当地的许多贫困户都没有感觉到有政策落实的实处，也声称并不知道相关的扶贫政策，这说明该县政府的政策宣传力度不够，扶贫工作开展了这么多年，却离中央扶贫要达到的政策目标相距甚远。

2.1.2 政府组织的低效率

由于扶贫资金的运行缺乏有效的监督机制，政府部门并不珍惜资金。该地政府缺乏企业管理的理念，没有降低成本的意识，导致在基础设施建设上大量无意义地损耗资金的同时，也未达到相应效果。

2.1.3 政府发生寻租行为

扶贫资金来源和使用缺乏透明性，项目的开展需要领导批示才能启动，这就使资金在中间环节被层层盘剥，给了掌握权力的官员寻租的可乘之机，下面的项目往往因为资金不足而翻不起水花，达不到扶贫目标。在后期扶贫时，新化县政府积极作为，响应中央政府精准扶贫的号召，大力推动扶贫工作的展开，并且能够结合当地自身特点，在产业扶贫、电商扶贫上取得重大进展，这与其主动积极履行职能、转化扶贫新思路是离不开的。

2.2 地方政府扶贫的改进

2.2.1 重视成本效益

2016年致力于产业扶贫以来，新化县政府一改过去只关心投入而不关心产出的做法，不再把大量资金投入直接补贴方面，而是考虑发展产业来激发当地脱贫致富的内生动力，使扶贫资金的回报率大大提高。

2.2.2 以顾客为导向

新化县努力进行产业扶贫，促进工业入园。贫困户可以不用离家太远而找到工作，满足当地人民的需求。同时，政府引导他们种植特色农产品，在成本方面进行大力度的补贴，在销路方面让他们搭上电商平台，使贫困户没有后顾之忧，这方面工作做得相当好。

2.2.3 创新与改革

新化县在发展优势并不明显的条件下，并没有盲目发展工业，而是能够结合当地特色发展农产品，之后还开始引进电商平台，帮助贫困户打开产品销路，转化发展新思路，这是政府具有活力和创造力的表现。强调市场机制，重视选择与竞争，政府竭力引进电商平台，以让该县的农特产品流入市场，让市场机制发挥作用，使贫困户能够获得收益，尽早脱贫。

2.2.4 进行技术培训

政府相关部门定期对村民进行专业知识与技术培训，相关技术人员定期去产业扶贫基地进行现场指导，这样不仅能在实地进行技术指导，有效解决村民在生产过程中存在的问题，还能对产业基地的发展与生产进行有效的监督。

2.2.5 吸引群众主动参与

搞好项目试点，以项目试点的成功实践，拿出有力的根据，让贫困群众看得见、信得过，吸引并带动试点周边的贫困群众积极参与进来。同时，搞好项目服务工作，积极为贫困群众提供生产、管理等方面的技术和经验，真正让贫困群众参与进来。只有这样才能让群众更积极、更用心地发展产业，才能让一项产业持续发展、群众持续获利。

（执笔人：陶富林、吴婕）